DORMIR

DORMIR

El mito de las 8 horas, el poder de la siesta...
y un nuevo plan para revitalizar cuerpo y mente

NICK LITTLEHALES

Traducción de Gema Moraleda

⊕ Planeta

Obra editada en colaboración con Editorial Planeta, S.A - España

Título original: *Sleep*

Diseño de portada: © Penguin Random House Group, 2016
© de las infografías del interior, Penguin Random House Group

© 2016, Nick Littlehales
© 2016, Penguin Books, Ltd., 2016
© 2017, Gema Moraleda, de la traducción
© 2017, Editorial Planeta, S.A. - Barcelona, España

Derechos reservados

© 2017, Editorial Planeta Mexicana, S.A. de C.V.
Bajo el sello editorial PLANETA M.R.
Avenida Presidente Masarik núm. 111, Piso 2
Colonia Polanco V Sección
Delegación Miguel Hidalgo
C.P. 11560, Ciudad de México
www.planetadelibros.com.mx

Primera edición impresa en España: marzo de 2017
ISBN: 978-84-08-16863-8

Primera edición impresa en México: julio de 2017
ISBN: 978-607-07-4182-1

Impreso en los talleres de Litográfica Ingramex, S.A. de C.V.
Centeno núm. 162, colonia Granjas Esmeralda, Ciudad de México
Impreso en México – Printed in Mexico

A mi padre, Herbert James Littlehales

ÍNDICE

INTRODUCCIÓN

No pierdas tu valioso tiempo durmiendo

Cuando le pregunté a la dependienta de mi librería habitual dónde estaba la sección dedicada al sueño, me miró confusa, se volvió hacia la computadora, después de buscar un poco, me señaló en la que ella esperaba que fuera la dirección correcta. Después de subir cuatro tramos de escalones, finalmente la encontré en un rincón oscuro y lleno de polvo: una pequeña colección de tomos académicos sobre la ciencia del sueño; unos cuantos volúmenes sobre los sueños y su significado; ideas *new age* para un proceso tan antiguo como la vida.

Espero que mi libro no acabe allí.

Está teniendo lugar una revolución en torno al sueño. Durante mucho tiempo, ha sido un aspecto de nuestra vida que hemos dado por hecho, y los patrones históricos sugieren que cada vez le damos menos importancia (al menos, le dedicamos cada vez menos horas). Pero la creciente investigación científica está estableciendo lazos entre nuestros malos hábitos de sueño y una serie de problemas de salud y psicológicos que van desde la diabetes tipo 2 a las enfermedades cardiacas y la obesidad, pasando por la ansiedad y el *burnout*. Es hora de que dormir adquiera el protagonismo que merece. Es hora de observar este proceso esencial de recuperación física y mental y ver cómo podemos hacerlo mejor para aprovechar al máximo nuestro periodo de vigilia y ser más efectivos en el trabajo, dar lo mejor de nosotros en nuestras relaciones con familia y amigos, y sentirnos genial con nosotros mismos.

Hasta mediados de la década de 1990 lo estábamos consiguiendo. La mayoría de nosotros dábamos por hecho que teníamos dos días libres consecutivos (también conocidos como fin de semana). Nuestro trabajo acababa cuando salíamos de la oficina, o dondequiera que trabajáramos, y los domingos las tiendas solían estar cerradas. Entonces llegó un terremoto que transformó nuestro estilo de vida. Internet y el correo electrónico alteraron la forma de comunicarnos, de consumir y de trabajar, y los teléfonos móviles, pensados en un principio solo para hablar y enviar mensajes, pronto se convirtieron en pequeños pozos de luz azul que ahora pasamos gran parte de nuestro tiempo observando. La idea de estar conectados permanentemente se hizo realidad, había nacido la mentalidad del trabajo las 24 horas los 7 días de la semana, y tuvimos que llevar a cabo ciertos ajustes para seguir ese ritmo. Sobreestimulados a base de cafeína y tragando somníferos para tranquilizarnos y desconectar, forzando la máquina en ambos sentidos, la idea tradicional de dormir ocho horas cada noche se convirtió en una leyenda.

El resultado ha sido más estrés y presión sobre las relaciones y la vida familiar. No solo eso, algunos científicos e investigadores relacionan nuestra falta de tiempo de recuperación física y mental con un aumento tangible de muchos desórdenes y enfermedades. Algo tiene que acabar pasando.

Soy entrenador del sueño para deportistas. No es probable que este trabajo salga en la lista de la oficina de empleo de tu ciudad, especialmente porque es uno que yo mismo creé.

Este viaje empezó cuando era director de ventas y *marketing* internacional de Slumberland, la mayor empresa de equipos de descanso de Europa a finales de la década de 1990. Me empezó a intrigar qué debía de hacer el primer club de futbol del país en relación con el sueño y la recuperación. «Deben de seguir un método muy sofisticado», pensé, de modo que escribí al Manchester United para averiguarlo. Resultó que no hacían nada. La respuesta de sir Alex Ferguson, que pronto haría historia con su equipo tricampeón, fue si estaría interesado en ir a echar una ojeada.

Por aquel entonces, el sueño no se consideraba un factor para el rendimiento, pero yo tuve la suerte de que la ciencia deportiva estaba en aquellos momentos ganando terreno en el futbol y de picar la curiosidad de uno de los entrenadores más importantes. También tuve la suerte de poder trabajar con uno de sus jugadores que tenía un problema de espalda, y poder hacer algunos ajustes en su rutina y productos. Yo no puedo curar una lesión de espalda con un colchón, claro está, digan lo que digan algunos fabricantes, pero sí conseguí tener un impacto positivo en la gestión de la lesión por parte del jugador.

Me impliqué mucho con el club, e incluso llegué a aconsejar y a proporcionar productos al propio Ferguson, así como al conocido curso del 92: Ryan Giggs, David Beckham,

Paul Scholes, Nicky Butt y los hermanos Neville. Este enfoque vertical, en el que todo el mundo, desde el entrenador y los preparadores a los jugadores, utiliza los métodos y productos que yo recomiendo, es el que sigo practicando actualmente.

Para entonces, estaba en proceso de abandonar mi trabajo en Slumberland. El mundo del sueño había empezado a interesarme más allá de la simple venta de productos. Había sido presidente del Consejo del Sueño del Reino Unido, una organización de educación de consumidores pensada para aconsejar y promover una mejor calidad del sueño, algo que me ayudó a profundizar en mis conocimientos, y fue allí donde conocí al catedrático Chris Idzikowski, un experto pionero en este campo que acabaría convirtiéndose en un valorado amigo y colega. Mientras tanto, la prensa había acuñado un nombre para mi trabajo, y me etiquetó como el «entrenador del sueño» del Manchester United. «¿Qué es lo que hace? —se preguntaban—, ¿arropar a los jugadores por la noche?».

De hecho, estaba haciendo cosas como crear la que seguramente fue la primera habitación de recuperación del planeta, situada en las instalaciones de entrenamiento del Manchester United, en Carrington. Por supuesto, ahora hay muchos clubes de élite que tienen una, pero aquella fue la primera.

Corrió la voz. Los jugadores del Manchester United en la selección inglesa, que nunca se conforman con nada que no sea lo mejor, enseguida mandaron a verme al ejecutivo de la Football Association Andy Oldknow y al fisioterapeuta de la selección, y también del Arsenal, Gary Lewin. Trabajé con el equipo nacional, a quienes envié nuevos productos para el descanso, y aconsejé a los jugadores sobre cómo mejorar sus hábitos. Gary vio enseguida los beneficios de lo que yo hacía, y me invitó también al Arsenal, donde un nuevo entrenador llamado Arsène Wenger estaba muy ocupado cambiando muchas ideas tradicionales del futbol. Otro de los primeros en adoptar la ciencia deportiva, Sam Allardyce, entrenador del Bolton Wanderers en aquel momento, también me llamó.

Más adelante, trabajaría con el ciclismo inglés, aconsejando a estrellas como sir Chris Hoy, Victoria Pendleton, Jason Kenny y Laura Trott, y al equipo Sky, también durante sus exitosas campañas en el Tour de Francia, como parte de su plan de ganancias marginales diseñado por su director de rendimiento, sir Dave Brailsford, para el que elaboré un kit de sueño portátil en el que dormían sus corredores en lugar de usar las camas de los hoteles. Me llamaron los olímpicos y paralímpicos británicos de deportes como remo, vela, *bobsleigh*, BMX o ciclocrós, así como equipos de *rugby* y críquet, y muchos más clubes de futbol, incluidos el Manchester City, el Southampton, el Liverpool y el Chelsea.

Pero esta revolución en el ámbito deportivo no es algo exclusivo de Gran Bretaña, al fin y al cabo, el sueño es universal. Me invitaron a trabajar con los mejores clubes de futbol europeos, como el Real Madrid, al que recomendé convertir sus apartamentos de lujo para jugadores en la zona de entrenamiento en habitaciones de recuperación, ideales para algunos de los mejores jugadores del mundo. Trabajé con el equipo femenino de *bobsleigh* antes de los Juegos Olímpicos de invierno de 2014, entreno a ciclistas de lugares tan remotos como Malasia y he mantenido conversaciones con equipos de la National Basketball Association (NBA) y la National Football League (NFL) en Estados Unidos.

Todo esto sucedió porque fui el primero en plantear la pregunta al deporte profesional, y porque sir Alex Ferguson, cuya predisposición a adoptar nuevas ideas nunca flaqueó durante sus décadas en lo más alto, fue lo suficientemente abierto de mente para ayudarme a explorar el tema. Como dijo entonces: «Este es un desarrollo tremendamente emocionante en el mundo del deporte, y yo lo apoyo sin reservas».

La reacción de muchas personas al saber lo que hago es imaginar elegantes cápsulas de sueño y alta tecnología al estilo de la ciencia ficción, con laboratorios blancos llenos de sujetos dormidos conectados a supercomputadoras, pero nada más lejos de la realidad. Sí, usamos todo tipo de tecnología cuando es necesario, y sí, yo he trabajado estrechamente con grandes estudiosos del campo del sueño, como el catedrático Idzikowski, pero mi trabajo cotidiano no se desarrolla en un laboratorio ni en una clínica, yo no soy ni médico ni científico.

En los últimos años, la importancia del sueño para nuestra salud ha sido demostrada con pruebas clínicas. Instituciones muy respetadas de todo el mundo, entre ellas las universidades de Harvard, Stanford, Oxford y Múnich, han llevado a cabo investigaciones pioneras en este campo. Estas investigaciones han demostrado muchas cosas: desde la relación entre el sueño y la obesidad y la diabetes[1] hasta el hecho

---

[1] Buxton, O. M., Cain, S. W., O'Connor S. P., Porter J. H., Duffy J. F., Wang, W., *et al.* (11 de abril de 2012). Adverse metabolic consequences in humans of prolonged sleep restriction combined with circadian dis-

de que nuestros cerebros realmente eliminan toxinas durante el sueño, lo que podría ser uno de los motivos clave para esta actividad.[2] La falta de sueño y, por lo tanto, la no eliminación de estas toxinas está relacionada con gran cantidad de problemas neurológicos, incluido el alzhéimer.

La salud, del mismo modo que sucede con Jamie Oliver y su campaña sobre el azúcar, es el gran motivo por el cual los gobiernos y empresas están empezando a prestar atención y escuchar todo lo relativo al sueño, y el motivo por el que cada vez se dedica más atención y dinero a la investigación. El estrés y el *burnout* son malos para los negocios.

Pero por muy alucinantes y brillantes que sean los investigadores del sueño, existe un límite. Existen muchos aspectos del sueño que aún no hemos sido capaces de comprender. Como escribió Philippe Mourrain, profesor asociado del Centro de Ciencias del Sueño de Stanford: «En realidad, no sabemos lo que es el sueño. Esto puede ser una gran sorpresa para los no iniciados».

Lo que sí sabemos, y todos los científicos pueden corroborarlo, es que el sueño es vital para nuestro bienestar. Y, sencillamente, no dormimos lo suficiente. Se estima que, en promedio, dormimos entre una y dos horas menos que en la década de

---

ruption. *Science Translational Medicine, 4*(129): 129ra43. doi: 10.1126/scitranslmed.3003200.

[2] Xie, L., Kang, H., Xu, Q., Chen, M. J., Liao, Y., Thiyagarajan, M., *et al.* (18 de octubre de 2013). Sleep drives metabolite clearance from the adult brain. *Science, 342*(6156): 373-77. DOI: 10.1126/science.1241224.

1950.[3] ¿Pero la respuesta se reduce a que deberíamos dormir más?

¿Qué pasa con la madre soltera que se levanta al amanecer para llevar a los niños al colegio, trabaja todo el día y vuelve a casa para hacer la cena, acostar a los niños, hacer las tareas de casa y caer rendida en la cama? ¿Cómo se supone que puede dormir más? ¿O el médico joven que hace todas las horas, y más, que le exige su trabajo mientras intenta mantener algún rastro de vida personal? ¿Cómo puede dormir más? El día tiene las horas que tiene.

¿Cómo beneficia a sus vidas la investigación sobre el sueño? ¿Qué puede obtener una persona normal y corriente, aparte de una interesante cantidad de información para leer en las noticias en el tren de camino al trabajo y olvidar una vez haya empezado su jornada?

A los atletas no les interesa mucho el enfoque clínico: el sueño es una de las pocas cosas privadas que nos quedan, lejos de la mirada de nuestros empleadores, que han conseguido colarse en nuestras vidas mediante el teléfono. Generalmente, las personas no quieren que las cableen y monitoricen mientras duermen, y que la verdad sobre lo que hacen por la noche se comparta con sus directores. Es demasiado intrusivo.

Mi método es distinto. La ciencia y la investigación guían lo que hago, claro está, pero yo trabajo directamente con las personas para proporcionarles la mayor ventaja en la recuperación, de modo que puedan rendir al máximo cuando sea necesario. Lo que yo y la gente que trabaja conmigo ve-

---

[3] Estadísticas del Consejo del Sueño del Reino Unido.

mos es una gran mejora en aquellos que aplican mis métodos en sus vidas: en cómo se sienten, en cómo se recuperan y, lo más importante, en su rendimiento. Ese es el auténtico punto de referencia clínico para cualquier atleta profesional, y no se puede discutir con los resultados empíricos que proporcionan los deportes competitivos.

Hablo con estas personas sobre sus hábitos, les proporciono consejos prácticos y les brindo las herramientas para planear y gestionar su descanso en ciclos de sueño clínicamente aceptados. Diseño y consigo sus productos de descanso, les ayudo con todo, desde gestionar la llegada de un recién nacido a la familia hasta dejar las pastillas para dormir; me aseguro de que las habitaciones de hotel produzcan un entorno que favorezca la recuperación de los ciclistas del Tour y los futbolistas en los torneos internacionales y, cuando es necesario, acudo a sus hogares y me encargo de su entorno para el sueño allí.

Sin embargo, a aquellos que estén esperando chismes sobre el contenido del buró de Cristiano Ronaldo, les aviso que se van a llevar una decepción. Estos deportistas e instituciones deportivas confían en mi discreción. Me dejan entrar en sus santuarios personales y privados y yo tengo que ser digno de ello. Al fin y al cabo, ¿dejarías que alguien en quien no confías entrara en tu dormitorio? Pero lo que sí puedo contarte son los métodos y técnicas que yo introduzco en esos santuarios, y puedo enseñarte a montarte el tuyo, idéntico al de un atleta de élite.

«Está bien —debes de estar pensando—, ¿pero qué pueden hacer por mí los hábitos de sueño de los deportistas de élite?». La respuesta corta es todo. Todos los consejos y técnicas descritas en este libro son tan pertinentes para ti o para mí como lo son para Cristiano Ronaldo, Victoria Pendleton o sir Bradley Wiggins, y, de hecho, yo trabajo con muchas personas ajenas al deporte, desde clientes corporativos a cualquier persona que intente mejorar su sueño. La única diferencia entre los deportistas de élite y los demás a este respecto es bastante sencilla: el nivel de compromiso. Si yo le digo a un atleta olímpico qué hacer para mejorar su recuperación, lo hace. La gente del deporte es así. Si ven que se puede mejorar algo, aunque sea muy poco, lo intentan, porque todo suma y su negocio consiste en rendir más que sus adversarios. A los demás nos resulta muy fácil seguir un método unos cuantos días, pero la vida real se interpone y, antes de darnos cuenta, acabamos trabajando a altas horas y quedándonos fritos en el sofá después de un par de copas de vino de más.

Pero este libro no es de esos. Esto no es una «dieta milagro de sueño». Yo no voy a darte un esquema rígido al que agarrarte y que abandonarás una semana después. Yo no quiero complicarte la vida.

Voy a enseñarte mi método de recuperación de sueño R90, el mismo que uso con los atletas de élite. Como entrenador profesional del sueño, me ha llevado casi dos décadas desarrollar este programa, he adquirido conocimientos de médicos, académicos, científicos deportivos, fisioterapeutas, fabricantes de colchones y camas, e incluso de mis hijos, a partir de la experiencia de ser padre y de probar mis métodos en la primera línea del deporte profesional, donde el sueño tiene que ser efectivo. Estos atletas trabajan en los límites de lo que es posible alcanzar para un ser humano, y yo también puedo mostrarte cómo trabajar en los márgenes de lo que es posible para ti.

Mediante la integración de este método en tu vida, podrás beneficiarte de la energía mental y física extra que sentirás. Aprenderás a observar el sueño con un enfoque polifásico. Te ayudaré a elegir la mejor posición para dormir (y solo hay una que yo recomiendo). No volverás a pensar en cuántas horas duermes cada noche, sino en cuántos ciclos realizas por semana, para que puedas aprender a aceptarlo y no estresarte cuando tienes una mala noche aislada, todos las tenemos y todos nos levantamos por las mañanas y seguimos adelante.

Podrás tomar decisiones bien documentadas sobre aspectos cotidianos en los que quizá nunca habías pensado: qué mesa ocupar en el trabajo, qué lado de la cama elegir en un hotel o con tu pareja, o si el dormitorio de la casa que estás pensando en comprar se ajusta a su función (y si no, debería ser un motivo para cambiar de opinión). Te proporcionaré los siete indicadores clave de la recuperación mediante el sueño (ICRMS), que son los fundamentos del programa R90. Con ellos te proporcionaré siete pasos para mejorar tu sueño. Aunque solo sigas uno de ellos, esto podría mejorar mucho tu vida, y si sigues uno cada semana, podrías revolucionar tu enfoque en solo siete semanas.

Y sin que tu estilo de vida se resienta. Puedes seguir tomándote ese exquisito café que estás deseando. No tendrás que decir que no a esa copa de vino cuando estés disfrutando de una noche de verano con los amigos. Y si te sientas a cenar en un restaurante pasadas las nueve de la noche mientras te preguntas si es demasiado tarde para comer, exclamarás: ¿tarde para qué?

La vida es demasiado corta para perderse los buenos momentos y las grandes experiencias, así que quiero darte la confianza para tomar esas decisiones y disfrutar de la flexibilidad de no tener que preocuparte por irte a la cama «a la hora» o estresarte por «dormir bien». Adoptando las medidas descritas en este libro, puedes aprender a mejorar la calidad de tu descanso y recuperación, en lugar de malgastar el tiempo sufriendo por la cantidad.

Este libro te explicará lo que podemos aprender de nuestros ancestros del Paleolítico a la hora de regular mejor nuestro sueño; piensa en ello como una paleodieta del sueño, sin dejar de enfrentarte a retos modernos como teléfonos inteligentes, computadoras portátiles, *jet lag* y trabajar hasta tarde. La tecnología es maravillosa y ciertamente no te pediré que la descartes en favor de una buena noche de sueño. Nuestros dispositivos han venido para quedarse y esto es solo el principio, pero con un poco de consciencia no tienen por qué ir en contra de nuestro bienestar.

Veremos lo mucho que puede mejorar tu vida amorosa solo con un poco de conocimiento del dormitorio, por qué todos deberíamos venerar el poder de la siesta vespertina y cómo puedes echarte una siesta con los ojos abiertos en una habitación llena de gente. Voy a mostrarte que, con toda probabilidad, el colchón en el que duermes no es el correcto, incluso, o especialmente, si es una de esas mesas de operaciones «ortopédicas» de más de cuarenta mil pesos por el que has tenido que rehipotecar tu casa. La buena noticia es que te voy a enseñar que ponerle remedio no cuesta un riñón. Te proporcionaré un método infalible para elegir la superficie correcta para dormir, lo que significa que nunca más tendrás que soportar a un promotor intentando venderte un supercolchón para ir más rápido y un precio a juego.

El método de recuperación mediante el sueño R90 contiene en parte la idea de sir Dave Brailsford de la suma de «ganancias marginales». En el equipo ciclista, reclamar mi conocimiento sobre el sueño fue solo una de las múltiples facetas que Brailsford pretendía mejorar, aunque solo fuera un uno por ciento, para que al sumarse produjeran un incremento significativo del rendimiento; otra fue enseñar a los corredores la mejor manera de lavarse las manos para evitar contraer un virus.

Con el método R90 observamos cómo afecta a nuestro sueño todo lo que hacemos desde que nos levantamos hasta que cerramos los ojos por la noche. Al concentrar nuestra atención en el hecho de acostarnos, podemos sumar nuestras ganancias marginales al implementar los consejos descritos en los indicadores clave de la recuperación mediante el sueño.

No verás resultados de la noche a la mañana, ni siquiera tras una buena noche de sueño. Pero date tiempo. Hizo falta un año para que un corredor del equipo Sky ganara el Tour de Francia. Con el programa R90 tú verás los resultados en tu sueño mucho antes. No es extraño que reciba llamadas de alguien unos meses después de haber trabajado juntos para decirme: «Me has cambiado la vida». Tú también puedes cambiar la tuya. Empecemos por usar bien el tiempo que pasas dormido. Como los atletas con los que trabajo, deberías obtener la máxima recuperación física y mental. Quizá descubras que en realidad necesitas dormir menos. Lo que es seguro es que sentirás una mejora de tu humor y capacidades en el trabajo y en casa, y también serás más consciente de cuándo tienes que frenar un poco, tomarte un descanso y desconectar unos minutos. «Pero yo no tengo tiempo para eso», estarás diciendo. Piénsalo de nuevo. Existen montones de trucos y técnicas para encontrar un momento de descanso, que te permitirá hacer más en menos tiempo.

Si lo que buscas es un libro sobre cómo ponerte la pijama y acomodarte en la cama con una taza de chocolate, has venido al lugar equivocado, aunque puedo indicarte la dirección del rincón lleno de polvo. Sin embargo, yo voy a mostrarte cómo dormir mejor, para usar el sueño como un mejorador natural de tu rendimiento físico y mental. Ha llegado el momento de dejar de perder el tiempo durmiendo sin obtener nada a cambio.

PRIMERA PARTE

Los indicadores clave
de la recuperación mediante el sueño

UNO

El reloj avanza
Los ritmos circadianos

Te despiertas cuando suena la alarma de tu teléfono y alargas el brazo para tomarlo y apagarlo. Ya que estás listo, compruebas las notificaciones de noticias, resultados deportivos y entretenimiento que te han llegado durante la noche, tus *apps* de redes sociales, correos electrónicos y mensajes del trabajo y de amigos. Tienes la boca seca, tu mente ya anda revolucionada con lo que te espera esta mañana, la luz se cuela por entre las cortinas y el piloto de la televisión te observa fijamente desde los pies de la cama, mientras te recuerda cómo acabaste la noche anterior.

Bienvenido a tu día. ¿Has dormido bien? ¿Sabes cómo dormir bien?

El británico medio duerme un poco más de seis horas y media cada noche. Además, más de un tercio de la población sale adelante con solo cinco o seis horas, un siete por ciento más que hace solo tres años.[4] En el resto del mundo

---

[4] Informe del Consejo del Sueño del Reino Unido (Sleep Council Great British Bedtime Report), de 2013.

pasa algo parecido, con más de un veinte por ciento de la población de Estados Unidos que afirma dormir menos de seis horas los días laborables, aproximadamente el mismo porcentaje que en Japón. Las estadísticas muestran que, en esos países, así como en Canadá y Alemania,[5] la mayoría de las personas se «ponen al día» con el sueño durante los fines de semana. Su vida laboral limita su sueño. Casi la mitad de la población del Reino Unido dice que el estrés o las preocupaciones le han impedido conciliar el sueño, y si se observan los horarios de mucha gente, no es difícil entender el motivo.

Un jugador de críquet de élite puede jugar una final internacional en la India un día y volver al día siguiente a su país para escucharme a mí dar una charla a su equipo sobre el sueño. Seguramente se pregunta cuándo podrá él dormir un poco, pero va a pasarse los próximos meses viajando, jugando a todas las variantes de críquet —*test match, oneday, Twenty20*— por todo el mundo. Esto se puede hacer durante una temporada, si se hace bien, claro está. Las personas que dan la vuelta al mundo en velero pueden dormir treinta minutos cada doce horas durante los tres meses que pasan en el mar; somos criaturas excepcionalmente adaptables, con una increíble capacidad de aguante. Pero si se hace demasiado tiempo, acaba pasando factura. Las asociaciones de jugadores de deportes como el críquet y el *rugby* están empezando a pedirme que eduque a los jugadores y los ayude a gestionar sus horarios, porque están percibiendo un aumento de jugadores con depresión, problemas en sus relaciones y *burnout*.

---

[5] Encuesta de la National Sleep Foundation International Bedroom, 2013.

Esto no solo pasa en el mundo del deporte, claro está. Estos patrones se replican en todos los estamentos sociales. Todos nos enfrentamos a la dificultad de encajar las demandas de nuestra vida laboral y personal. Sabiendo lo que sé ahora, puedo decir que pasé cinco años de más en uno de mis trabajos. Trabajaba muchas horas, con mucho estrés en el día a día y muchos viajes que implicaban pasar mucho tiempo fuera de casa. Pero eran viajes en clase ejecutiva con buenas cenas, *gin-tonics* y cafés que me ayudaban a seguir el ritmo, de modo que entonces pensaba que podía sobrellevarlo, que había muchas cosas que me compensaban. Lo cierto es que mi vida familiar pagó un precio muy elevado.

¿Cuánto dormía yo entonces? ¿Cuánto duerme el equipo inglés de críquet? ¿Y qué pasa con el adolescente que se entretiene con videojuegos hasta bien entrada la noche? ¿Cuánto duermes tú? ¿Acaso importa?

La cantidad no es importante en este momento. Lo importante es un proceso natural que nos ha acompañado desde que surgió la humanidad, un proceso del que nos están alejando muchos aspectos de la vida moderna. Luz artificial, tecnología, turnos, pastillas para dormir, viajes, comprobar el teléfono al despertar, trabajar hasta tarde, incluso salir corriendo de casa sin desayunar para llegar a tiempo al trabajo. Todo esto nos aleja del proceso natural y ahí es donde empiezan nuestros problemas con el descanso y la recuperación.

Desconectar

Vamos a empezar por desconectarnos un momento. Volvamos de verdad a la naturaleza. Tú y yo vamos a abandonar todas nuestras posesiones (relojes, computadoras, teléfonos) y vamos a encaminarnos a una isla desierta, en la que viviremos de la tierra, como hacían nuestros ancestros. Vamos a cazar, a pescar y a dormir bajo las estrellas. Toma eso, Bear Grylls.

Así que allí, en la isla, acampamos en una llanura ondulante. Cuando se pone el sol, y la temperatura desciende, encendemos un fuego. Vamos a pasar bastante tiempo sin luz natural, así que aprovechamos para comer. Cocinamos y devoramos las sobras del día, y nos sentamos saciados, charlando tranquilamente, absorbiendo el color amarillo de la luz del fuego al observarlo. La charla acaba por apagarse y nos ponemos a observar las estrellas un rato antes de, uno por uno, darnos media vuelta, acurrucarnos bajo las cobijas y quedarnos dormidos.

En algún momento por la mañana, el sol empezará a salir por el horizonte. Los pájaros empezarán a cantar incluso antes de que eso suceda, y en ese momento, la temperatura empezará a subir. Aunque haga mucho frío, subirá uno o dos grados, y todo se iluminará. Ocultemos o no la cabeza bajo la cobija, la luz penetrará y nos despertaremos. La primera cosa que seguramente querremos hacer es vaciar la vejiga, y entonces empezaremos a pensar en beber un poco de agua y tomar el desayuno. A continuación, llegará el momento de los movimientos intestinales antes de ir a pescar y cazar durante el resto del día, todo esto bajo la luz natural. Nada precipitado, todo según el ritmo natural.

Más tarde, cuando el sol empiece a ponerse, volveremos a sentarnos en el campo. La temperatura descenderá y volverá a oscurecer, de modo que tendremos que iluminarnos con el fuego y volveremos a empezar. Esto es volver de verdad a lo que hacemos de manera natural, trabajar en armonía con nuestros ritmos circadianos.

¿Sigues el ritmo?

Una de las primeras cosas que le pregunto a cualquiera que trabaje conmigo, ya sea un futbolista de élite o un corredor de bolsa de la City londinense con problemas de sueño, es: «¿Eres consciente de tus ritmos circadianos?».

El ritmo circadiano es un ciclo interno de 24 horas gestionado por nuestro reloj biológico. Este reloj, que está en lo más profundo del cerebro, regula nuestros sistemas internos, como los patrones de sueño y alimentación, la producción de hormonas, la temperatura, la alerta, el humor y la digestión, en un proceso de 24 horas que evolucionó para adaptarse a la rotación de la Tierra. Nuestros relojes biológicos se ajustan a estímulos externos, la luz natural es el principal, así como a factores como la temperatura o las horas de las comidas. Es vital comprender que estos ritmos están enraizados en nuestro interior; son parte del tejido de todos y cada uno de nosotros. Son el producto de millones de años de evolución. No podemos desaprender estos ritmos del mismo modo que no podemos lograr que los perros no ladren o convencer a un león de hacerse vegetariano. Cada uno de estos animales tiene, por supuesto, su propio reloj biológico y sus propios ritmos circadianos, del mismo modo que cualquier otro animal o planta. Estos ritmos funcionan incluso sin estímulos externos. Si una serie de sucesos internacionales conspirara para que nos sobreviniera un apocalipsis nuclear y tuviéramos que mudarnos bajo tierra y vivir en cuevas sin luz natural, persistirían en nosotros.

El típico ritmo circadiano, que describe lo que nuestro cuerpo quiere hacer de manera natural en distintos momentos del día, tiene este aspecto:

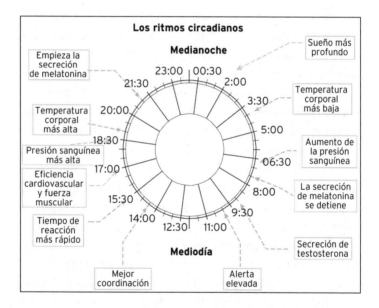

Los ritmos circadianos

Empieza la secreción de melatonina — Medianoche — Sueño más profundo

Temperatura corporal más alta — 20:00 — 21:30 — 23:00 | 00:30 — 2:00 — 3:30 — Temperatura corporal más baja

Presión sanguínea más alta — 18:30 — 5:00 — Aumento de la presión sanguínea

Eficiencia cardiovascular y fuerza muscular — 17:00 — 06:30 — La secreción de melatonina se detiene

Tiempo de reacción más rápido — 15:30 — 14:00 — 8:00 — 9:30 — Secreción de testosterona

12:30 | 11:00 — **Mediodía** — Mejor coordinación — Alerta elevada

Así, en nuestra isla, una vez se pone el sol y nos sentamos alrededor del fuego, empieza la secreción de melatonina. La melatonina, una hormona que regula el sueño, se produce en la glándula pineal, que responde a la luz. Cuando llevamos suficiente tiempo a oscuras, producimos melatonina, para prepararnos para el sueño.

Nuestro reloj biológico no es lo único que regula nuestro sueño. Si pensamos en los ritmos circadianos como lo que nos empuja a dormir, la presión homeostática del sueño es la necesidad de hacerlo. Esta necesidad intuitiva se construye desde el momento en que nos despertamos, y cuanto más tiempo pasamos despiertos, más aumenta. Sin embargo, a veces, nuestros ritmos circadianos son capaces de pasar por encima de ella, por eso podemos experimentar una remontada cuando nos estamos cayendo de sueño y por eso, como pueden confirmar muchos trabajadores por turnos y amantes de la vida nocturna, podemos tener problemas para conciliar el sueño en algunos momentos del día, aunque nos hayamos pasado la noche en vela. Luchamos contra el impulso circadiano de nuestros cuerpos de alinearse con el sol.

Si seguimos un horario «normal» y nos levantamos por las mañanas, nuestra necesidad de dormir aumenta por la noche, lo que coincide con nuestro impulso circadiano, y produce una ventana de sueño ideal. Durante la noche tendemos a alcanzar nuestro periodo de sueño más efectivo sobre las 2:00-3:00 (que se corresponde con un periodo de somnolencia doce horas después, en forma del bajón de media tarde), y nuestra temperatura corporal llega al punto más bajo poco después, antes de que salga el sol y todo vuelva a empezar para nosotros. La secreción de melatonina se detiene, como manejada por un interruptor, porque pasamos de la oscuridad a la luz. La luz natural hace que nuestros cuerpos empiecen a producir serotonina, el neurotransmisor que mejora el humor y del que deriva la melatonina.

Ilumina el camino

La luz es el factor más importante para poner en hora nuestro reloj biológico, y nada mejor que la luz natural por la mañana para hacerlo. En la isla, durmiendo a la intemperie, obtenemos la dosis nada más despertarnos. Pero demasiadas personas del mundo real pasan el día entre cuatro paredes, en casa, en el tren y en el trabajo, aunque hasta los días nublados son más luminosos que la luz artificial. Abre las cortinas al despertar, desayuna y vístete con luz natural y después sal.

Somos especialmente sensibles a una longitud de onda conocida como luz azul. A causa de la gran cantidad de luz que emiten los dispositivos electrónicos como computadoras y teléfonos inteligentes, la luz azul tiene mala prensa. Pero no se trata de que esta luz sea mala, sino de que aparece en momentos equivocados. La luz natural está llena de luz azul y esta es buena durante el día. Ajusta el reloj biológico, suprime la producción de melatonina y mejora la alerta y el rendimiento.[6]

Sin embargo, cuando oscurece, estas cualidades dejan de ser deseables. Si utilizas dispositivos o luces potentes hasta altas horas de la noche, esto va a causarte problemas. Te conducirá a lo que el catedrático Chris Idzikowski denomina «sueño basura», un sueño interrumpido y mermado porque

---

[6] Rahman, S. A., Flynn-Evans, E. E., Aeschbach, D., Brainard, G. C., Czeisler, C. A. y Lockley, S. W. (febrero de 2014). Diurnal spectral sensitivity of the acute alerting effects of light. *Sleep*, *37*(2): 271-81. doi: 10.5665/sleep.3396.

nuestro estilo de vida y nuestros aparatos inhiben la producción de melatonina y adelantan nuestros relojes biológicos.

En la isla teníamos luz natural y oscuridad. La luz del fuego era la única iluminación humana, y los amarillos, naranjas y rojos que emite el fuego no afectan a la producción de melatonina.

Sentados alrededor del fuego

No importa lo que hagamos en nuestras vidas, el sol se pone y vuelve a salir. Cuando estamos en armonía con este proceso, nuestro cerebro activa las funciones en nuestro cuerpo para llevar a cabo los sucesos descritos en el gráfico de ritmos circadianos. Puede que no se den exactamente a las horas indicadas en el gráfico, pero el cerebro y el cuerpo querrán llevarlos a cabo más o menos a esas horas.

Muchos de nosotros somos realmente conscientes de nuestros ritmos circadianos si realizamos un vuelo largo y experimentamos *jet lag*, que sucede cuando nuestros ritmos se desincronizan con el ciclo de luz y oscuridad local porque hemos viajado atravesando husos horarios. Sucede algo similar cuando trabajamos en turnos de noche y nuestro horario es justo el contrario del ciclo de luz y oscuridad. Pero ser conscientes del propio reloj biológico en la vida cotidiana nos permite comprender por qué nos sentimos letárgicos a determinadas horas del día, y por qué podemos tener problemas para dormir. Y el sueño no es lo único que se beneficia de este conocimiento, sino toda tu vigilia.

Si nos levantamos y salimos de casa lo más rápido posible por las mañanas, agarrando el café y algo de comer mientras nos subimos al tren para ir a trabajar, estamos yendo a contratiempo con nuestros ritmos. En la isla no teníamos prisa. Desayunábamos y, como el intestino ha sido reprimido por la noche, íbamos al baño, porque no queríamos tener que ir mientras estábamos cazando.

Lo mismo sucede en el tren. ¿Nos interesa tener que ir al baño en un tren de cercanías lleno hasta los topes, o tener que suprimir la necesidad de manera artificial? No es ninguna coincidencia que abunden los anuncios de todo tipo de productos para la digestión, desde yogures bebibles a pastillas antidiarreicas, en los andenes de tren. Uno de los eslóganes más conocidos es: «Recupera el equilibrio natural de tu cuerpo». Mensaje correcto, respuesta equivocada.

Si tu pauta de ejercicio implica machacarte en el gimnasio a última hora de la tarde, ten en cuenta lo que esto significa. Tu presión sanguínea está al máximo a esa hora, y tienes que saber que el ejercicio intenso aumenta de forma brusca esa presión sanguínea, especialmente si ya tienes una edad. Pregunta si no al presentador de la BBC Andrew Marr (que culpó de su infarto a una sesión de alta intensidad en la máquina de remo). Utiliza un medidor de actividad portátil, obsérvalo y piensa si no hay un momento mejor para hacer eso.

Piensa en tus ritmos al usar la tecnología. Yo no renuncio a ella (no vivo en una isla). Utilizo las redes sociales como una parte importante de mi negocio, tengo un teléfono inteligente y soy tan localizable por teléfono o correo electrónico como cualquiera. Pero sé que, si he estado trabajando hasta tarde con la *laptop* o haciendo una videollamada con un cliente de otro huso horario cuando a él le iba bien, la luz artificial de mi *laptop* va a suprimir el proceso natural del sueño. Así que no me voy a la cama directamente, sino que guardo la *laptop* y me quedo despierto un rato para que mi glándula pineal pueda funcionar de manera eficiente y pueda producir melatonina, que es lo que ella quiere hacer ahora que hay menos luz.

Hay muchas cosas que hacemos que interfieren con nuestros ritmos circadianos, y en muchos casos, hay pocas cosas que podamos hacer al respecto. Si tenemos que trabajar por turnos o hasta altas horas de la noche, mala suerte para nosotros, tendremos que acostumbrarnos. Pero si somos conscientes de nuestros ritmos, podremos asegurarnos de que no hacemos muchas otras cosas que contribuyen al problema. No queremos estar en guerra con nuestro cuerpo.

Como dijo el catedrático Russell Foster, director del Instituto del Sueño y Neurociencia Circadiana de la Universidad de Oxford, en la BBC el Día del reloj biológico:

> Somos una especie increíblemente arrogante; creemos que podemos dejar atrás cuatro mil millones de años de evolución y pasar por alto el hecho de que hemos evolucionado en un ciclo de luz y oscuridad. Lo que hacemos como especie, y quizá somos los únicos, es pasar por encima del reloj. Y actuar durante mucho tiempo en contra del reloj puede conducir a problemas de salud graves.

Solo tenemos luz artificial desde el siglo XIX. Las computadoras y los televisores, por no hablar de los teléfonos inteligentes y las tabletas, no son más que bebés si los comparamos con el proceso evolutivo. No hemos evolucionado para asumir estas cosas del modo en que muchos de nosotros las usamos hoy en día.

Sea lo que sea lo que estés haciendo, quiero que pienses en nosotros en la isla, en armonía con un proceso biológico tan antiguo como la humanidad. Ese es el ideal. Cada paso que damos para mejorar nuestro sueño, no importa lo pequeño que sea, tiene que ser un paso hacia el círculo alrededor del fuego.

LOS RITMOS CIRCADIANOS:
SIETE PASOS PARA DORMIR MEJOR

1. ¡Sal! Sincroniza tu reloj biológico con la luz natural y no con la artificial.

2. Tómate tu tiempo para conocer tus ritmos y cómo te afectan; anima a tu familia y amigos a hacer lo mismo.

3. Toma nota de tus altos y bajos: monitorízate y compárate con lo que debería suceder de manera natural. Utiliza un medidor de actividad portátil para ello.

4. El mejor momento de sueño sucede hacia las 2:00-3:00. Si te acuestas cuando sale el sol, estás luchando contra tu reloj biológico.

5. Baja el ritmo de tus mañanas: salir corriendo como si todo fuera una carrera puede perturbar tu cuerpo. La calidad del sueño depende de lo que hacemos desde el momento en que nos despertamos.

6. La luz azul no es buena por la noche, reduce su intensidad siempre que puedas. Busca la luz roja o amarilla, o la de las velas.

7. Imagínate en la isla al lado del fuego: ¿qué haces actualmente que entre en conflicto con esa imagen? ¿Qué vas a hacer al respecto? Planea cambios sencillos en tus rutinas actuales para alinearte mejor con el gráfico de los ritmos circadianos.

DOS

Correr rápido y lento
Cronotipo

Es tarde por la noche. El césped iluminado del estadio de futbol desprende vapor. Son las semifinales del Mundial. El público está histérico. Uno de los equipos lanza un último ataque, pero el balón es despejado desesperadamente lejos de la zona de gol en el mismo momento en que suena el silbato que indica el final de la prórroga. Llega la temida tanda de penaltis. Tú eres el entrenador y tienes que elegir quiénes van a lanzarlos.

Los cuatro primeros son fáciles de elegir, pero tienes dudas con el quinto. Tienes dos jugadores de habilidades muy parecidas. El jugador A no ha hecho su mejor partido hoy, especialmente a medida que avanzaba el tiempo, pero es un profesional consumado y ha puesto todo su empeño. Parece cansado, pero está siendo una noche larga. El jugador B ha jugado bien, parece vivaz y alerta a pesar de haber jugado dos horas de futbol frenético, pero hay algo de este jugador que te inquieta. No es disciplinado. Suele llegar tarde a los entrenamientos por la mañana, y cuando aparece te da la sensación de que va sonámbulo. ¿Sucumbirá ante la intensa presión de una tanda de penaltis con el mundo entero observando? Tus ojos te dicen que elegirlo a él es lo correcto, pero tu cabeza te dice que deberías elegir al jugador A.

Con los penaltis empatados, el jugador A se adelanta a chutar. Tiene que marcar para que su equipo siga en la competición. Coloca el balón cuidadosamente, da unos cuantos pasos atrás y se detiene a respirar profundamente. Corre hacia el balón, lo golpea con firmeza... y sale desviado. Fin del partido.

Búhos y alondras

Mucho antes de que empezáramos a redefinir nuestras ideas con respecto al sueño, solía decirse que había dos tipos de personas: los búhos y las alondras. Hoy en día preguntamos: «¿Sabes cuál es tu cronotipo?».

Tu cronotipo te caracteriza con relación a tu sueño y describe si eres una persona de mañanas o de tardes. Pero no solo determina la hora a la que te levantas y te acuestas, indica las horas a las que tu cuerpo lleva a cabo las funciones determinadas por los ritmos circadianos y descritas en el gráfico del capítulo 1, lo cual será un alivio para ti si al observarlo has pensado que esos horarios no tenían nada que ver con tu vida. Si eres una persona de mañanas, tu reloj biológico es un poco rápido, mientras que si eres una persona de tardes, tu reloj va lento.

Los cronotipos son un rasgo genético, y yo normalmente soy capaz de captarlos en el momento en que conozco a una persona. ¿Te gusta quedarte despierto y acostarte tarde? ¿Necesitas un despertador para levantarte a la hora por las mañanas? ¿Te parecen bien las siestas durante el día? ¿Sueles saltarte el desayuno? ¿Recuperas sueño los días de fiesta? Es probable que seas una persona de tardes.

Las personas de mañanas se despiertan solas, disfrutan del desayuno y les encantan las mañanas. No suelen necesitar despertador para levantarse, son menos propensos a sentir fatiga durante el día y se van a la cama razonablemente pronto.

Estas variaciones suelen ser como mucho de un par de horas en una u otra dirección, no cinco o seis. Pocas personas tienen una constitución que los empuje a querer despertarse naturalmente a mediodía. Aunque cierres las cortinas y te escondas en la cama, tu cerebro sabe que ha salido el sol. Y él también quiere levantarse. La mayoría de nosotros tenemos una idea sobre nuestro cronotipo, pero si tienes dudas, el cuestionario sobre el cronotipo de la Universidad de Múnich es una buena herramienta para averiguarlo.[7]

De niños, solemos ser personas de mañanas, nos despertamos pronto y solemos acostarnos mucho antes que los adultos. Sin embargo, al llegar a la adolescencia, nuestros relojes biológicos pasan a trabajar más lentamente. Sentimos la necesidad de acostarnos más tarde y de dormir más. Los adolescentes tienen mala prensa, pero a menudo solo hacen lo que les pide el cuerpo. Una vez superamos el punto álgido de atraso de nuestro reloj, aproximadamente a los veinte años,

---

[7] Disponible en https://www.bioinfo.mpg.de/mctq/core_work_life/core/introduction.jsp.

nuestro ritmo vuelve a recuperar su tipo genético, y empieza a atrasarse muy lentamente a medida que envejecemos.[8]

Los indefinidos

Existe una tercera categoría de cronotipo: los indefinidos. Muchos de nosotros no acabamos de definirnos, de hecho, casi toda la población vive como indefinida, independientemente de su cronotipo. Con todas las opciones disponibles de entretenimiento —cenas, copas, la sesión de cine de las 21:00, disfrutar de series en casa («Solo un capítulo más y me acuesto...»)—, ¿por qué solo las personas de tardes iban a disfrutar del placer de trasnochar? Y puede que las personas de tardes disfruten quedándose en la cama por las mañanas, de hecho, están predispuestos genéticamente a ello, pero aun así tienen que estar en el trabajo a las 9:00. Así que enmascaramos nuestros auténticos cronotipos con despertadores y sobreestimulándonos: actuamos de forma hiperactiva tanto física como mentalmente y consumimos cafeína y azúcar.[9]

¿Por qué es importante conocer nuestro cronotipo? Si se nos permitiera actuar según nuestros deseos, levantarnos y

---

8 Roenneberg, T., Kuehnle, T., Pramstaller, P. P., Ricken, J., Havel, M., Guth, A. y Merrow, M. (29 de diciembre de 2004). A marker for the end of adolescence. *Current Biology*, *14*(24): R1038-9. DOI: 10.1016/j. cub.2004.11.039.

9 Pesta, D. H., Angadi, S. S., Burtscher, M. y Roberts, C. K. (13 de diciembre de 2013). The effects of caffeine, nicotine, ethanol, and tetrahydrocannabinol on exercise performance. *Nutrition and Metabolism*, *10*(1):71. doi: 10.1186/1743-7075-10-71.

acostarnos cuando quisiéramos, despertarnos de manera natural y llegar al trabajo a la hora que nosotros eligiéramos, no importaría demasiado. Pero, qué curioso, las culturas del trabajo no se desarrollan pensando así. Ya seas una persona de mañanas o de tardes, tienes que llegar al trabajo a las 9:00, tienes entrenamiento por las mañanas si eres futbolista y, por lo tanto, son las personas de tardes las que sufren, porque tienen que funcionar en un huso horario distinto al de su reloj biológico. «*Jet lag* social» es la expresión que describe este hecho.

Como tienden a despertarse antes, las personas de mañanas suelen cansarse antes y también se acuestan antes. Esto significa que cuando llega la mañana han disfrutado de mucho sueño profundo restaurador durante el punto álgido de las 2:00-3:00 y se encuentran en un estado de sueño más ligero cuando se acerca la hora de levantarse. A menudo, ni siquiera necesitan despertador. Por otro lado, las personas de tardes alargan la noche, lo que significa que, cuando llega la mañana, el despertador acostumbra a sacarlos de un sueño anterior (por eso presionan el botón de aplazar la alarma una y otra vez) y se pasan el resto de la mañana intentando alcanzar el ritmo. Las personas de tardes suelen recurrir a la cafeína para lograrlo.

Los altibajos de la cafeína

La cafeína es la droga para la mejora del rendimiento más popular del mundo. Un neuroestimulante con propiedades psicoactivas que combate la fatiga y ha demostrado tener efectos beneficiosos en la alerta, los tiempos de reacción, la concentración y la resistencia.

La cafeína se usa en el deporte, especialmente en el ciclismo, para mejorar el rendimiento de forma legal y segura, pero controlamos su uso. Proporcionamos dosis a medida en momentos concretos (en las competiciones de resistencia, la dosis se proporciona más cerca de la hora de inicio que en las de *sprint*), y si el corredor aparece después de haber tomado un *espresso* doble en el desayuno, lo tenemos en cuenta. Existe una cultura del café en todos los niveles del ciclismo, pero los profesionales son lo suficientemente disciplinados como para saber el contenido de cafeína de la marca que consumen.

Sarah Piampiano, triatleta profesional, ni siquiera toma cafeína en su vida cotidiana, solo la toma cuando compite, en forma de gelatinas para deportistas que especifican la cantidad concreta de cafeína que contienen y que ingiere antes y en distintos momentos de la carrera.

Sin embargo, también he visto deportistas de otras especialidades que toman café en casa, suplementos de cafeína y mascan chicles de cafeína de importación mientras entrenan, es decir, la consumen sin regular la cantidad, de forma que su efecto será el contrario al deseado.

El consumo elevado de cafeína puede provocar agitación y ansiedad. Su presencia en sangre puede hacer más difícil conciliar el sueño y permanecer dormido. Es una droga adictiva y se puede desarrollar tolerancia si se consume en dosis altas a diario. Cada vez necesitas más para conseguir el resultado deseado. Cuando la sobreestimulación se convierte en norma, crees que estás rindiendo al máximo, pero no es así. Siempre estás dos pasos por detrás, como una sombra de ti mismo, porque estás usando la cafeína sencillamente para llegar al punto de poder rendir.

Los estudios muestran que la cafeína proporciona los mayores beneficios para los atletas en cantidades moderadas de entre 3 y 6 miligramos por kilo de masa corporal,[10] y la Food Standards Agency del Reino Unido recomienda 400 miligramos como dosis diaria máxima de cafeína para la persona media. Para verlo más claro: un café grande de Starbucks contiene 330 miligramos. El *espresso* de la misma cadena contiene 75 miligramos, y una taza de café hecha en casa con cafetera americana puede contener hasta 200 miligramos.

Además, la cafeína tiene una vida media de seis horas, lo que significa que sigue presente en el cuerpo mucho más tarde de lo que podríamos pensar. No tomar café por las tardes para ayudar a tu sueño nocturno está muy bien, ¿pero qué pasa si ya te has tomado un Starbucks grande, un café de máquina en el trabajo, un par de tazas de té (que pueden contener entre 25 y 100 miligramos) y una lata de Coca Cola (35 miligramos) a la hora de comer? Y aparte tenemos otras cosas que consumimos sin saber, quizá, que contienen cafeína, como el chocolate, algunos analgésicos e incluso el café o el té descafeinado, que no es lo mismo que sin cafeína.

---

[10] Ganio, M. S., Klau, J. F., Casa, D. J., Armstrong, L. E. y Maresh, C. M. (enero de 2009). Effect of caffeine on sportspecific endurance performance: a systematic review. *Journal of Strength and Conditioning Research*, 23(1): 315-24. doi: 10.1519/JSC.0b013e31818b979a.

Si te sobreestimulas con cafeína cada día, sin ningún control, no la estás usando como se usa en el mundo del deporte. La estás usando de manera habitual, y no para un suceso específico. Nadie insinúa que no puedas tomarte esa taza de café que tanto te apetece, y así lo atestiguan las legiones de ciclistas vestidos de licra sorbiendo su *espresso* en la puerta de cafeterías de todo el país, pero ¿por qué no medir cuánto estás tomando y usarlo de manera estratégica? Si tienes una reunión en la que debes estar especialmente despierto, o hacer un trabajo que requiera toda tu concentración, ¿por qué no reservar la cafeína para esos momentos? Usa la cafeína para mejorar tu rendimiento y no para llegar al punto en el que eres capaz de rendir.

Gestionar el cronotipo

En el largo plazo, la luz natural es una herramienta mucho más efectiva que el consumo descontrolado de cafeína. Para las personas de tardes, la luz natural por las mañanas es vital si quieren ajustar su reloj biológico y ponerse al ritmo de las personas de mañanas. Hazte con un simulador de amanecer de una buena marca como Lumie o Philips, que recrea la salida del sol en el dormitorio para despertarte; abre las cortinas y sal.

La mala noticia de verdad para las personas de tardes es que deberían dejar de quedarse en la cama los fines de semana. Si te pasas toda la semana ajustando tu reloj biológico a las demandas de tu trabajo, pero te abandonas los fines de semana, tu reloj biológico retornará a su estado natural, más lento, y todo volverá a empezar el lunes. Los síntomas del *jet lag* social serán peores.

Las oficinas y lugares de trabajo deberían tomarse todo esto mucho más en serio. En lugar de distribuir las mesas según la jerarquía y dar las posiciones cercanas a las ventanas a los más veteranos, deberían dárselas a las personas de tardes por las mañanas y a las personas de mañanas por las tardes. Invertir en unas buenas lámparas de luz diurna ayudaría tanto a las personas de mañanas como a las de tardes a superar sus respectivos momentos complicados del día, y se incrementará la productividad, especialmente en invierno, cuando hay menos luz. En los clubes de futbol, yo pongo lámparas de luz diurna en los vestuarios de los campos de entrenamiento. Los jugadores ni se dan cuenta, ellos solo ven lámparas, y lo mismo podría hacerse en las salas de reuniones.

No todo son malas noticias para las personas de tardes. Estas tienen una ventaja natural no solo a la hora de disfrutar de la vida nocturna, sino también a la hora de trabajar por turnos. Una persona de mañanas que sea enfermera y trabaje en el turno de noche de un hospital también necesitará lámparas de luz diurna y cafeína para ponerse al ritmo de los colegas que sean personas de tardes. Lo más importante para cualquier cronotipo es encontrar algo de armonía con el entorno.

Si volvemos al fuego de nuestra isla y asumimos que tú eres una persona de tardes y yo lo soy de mañanas, a medida que volvamos al ritmo natural de nuestros respectivos relojes biológicos, aprenderemos a trabajar en armonía. Tú te quedarías haciendo guardia, atendiendo el fuego y preparando el campamento para la mañana siguiente mientras que yo me iría quedando dormido; en cambio, por la mañana, yo me despertaría una o dos horas antes que tú, volvería a encender el fuego, prepararía el desayuno para los dos y me prepararía para el día que tenemos por delante.

En el mundo real, podemos beneficiarnos de esto en nuestra vida cotidiana.

Una persona de mañanas puede vivir con su pareja, una persona de tardes, y tener que salir los dos al trabajo a las 8:30. Él se levanta a las 6:30 y ella a las 8, pero, claro está, cuando él se levanta, molesta a su pareja. Ella se vuelve a dormir, e imagina que eso le va bien, pero en realidad oscila entre la vigilia y el sueño. ¿Por qué no buscar un punto medio? En lugar de esto, ambos se levantan a las 7, lo que es un gran cambio para ella, pero la persona de mañanas hace el desayuno y permite a la persona de tardes sentarse bajo la luz natural para poner en hora su reloj biológico y despertarse de manera natural. Será necesario un periodo de adaptación, pero así la pareja trabaja en armonía. Cuando llega la noche, es el turno de la persona de tardes, que puede hacer la cena o fregar los platos cuando la persona de mañanas está cansada.

Si eres una persona de mañanas sabes que tu mejor momento del día es ese, de modo que puedes organizar tu agenda para sacar provecho de ello. Digamos que tu trabajo implica gestionar las redes sociales de tu empresa, llevar una parte de las cuentas y mucha parte de la comunicación, pero también otras realidades más mundanas de la vida de oficina, como llevar el correo a la estafeta y tareas de archivo. Suponiendo que tienes algo de libertad con respecto al orden en el que haces las cosas, puedes manipular tu horario de manera que redactes todos los tuits y comunicados de prensa por las mañanas, es decir, todo lo que requiere que estés más alerta, y pasarte la tarde llevando el correo y haciendo archivo.

Como persona de mañanas, si me encargas que haga unas cuentas importantes, te pediré hacerlas por la mañana.

A menudo no existe esta libertad en nuestro trabajo, y a veces habrá que redactar un comunicado de prensa, o cualquier otra cosa que requiera toda nuestra atención por la tarde, y no podremos hacerlo en otro momento. Pero cuando nos sea posible, en lugar de pasarnos lo que nos parece una cantidad increíble de tiempo haciendo algo por la tarde y preguntándonos por qué tardamos tanto, parémonos un momento y pensemos en ello. Si ahora te está costando mucho, pruébalo de nuevo por la mañana, cuando estés más fresco y alerta.

Lo mismo sucede con las personas de tardes. Yo identifico los cronotipos de cada jugador del equipo con el que esté trabajando, algo que beneficia tanto a estos como a sus entrenadores.

El jugador B del inicio del capítulo es una persona de tardes, mientras que el jugador A es una persona de mañanas, pero su entrenador no lo sabía. Sin embargo, si me llamaran para trabajar con el equipo e identificara a este jugador B y hablara con él, le quedaría claro por qué le cuesta salir de la cama, por qué necesita un despertador y por qué no le apetece demasiado entrenar por las mañanas. Y podría aconsejarle qué hacer.

Desde el punto de vista del entrenador, ahora sabe que puede que el jugador no sea indisciplinado, porque es su configuración lo que hace que no se le antoje entrenar por las mañanas, él preferiría hacerlo por las tardes. El entrenador no va a partir el entrenamiento y decirles a los de mañanas y a los de tardes que acudan por separado, claro está, pero ahora sabe cuánto necesita para controlar la situación. No puede seguir pidiéndole al jugador que lo haga todo por las mañanas porque al final esto tendrá consecuencias. Puede que no sea capaz de recuperarse del todo de una molesta lesión, o puede que haga alguna tontería en el fragor del momento durante un partido importante, porque ha estado siendo forzado en contra de su configuración biológica.

También proporciona algo de sabiduría al entrenador una tarde de verano durante el Mundial ante unos inminentes penaltis. El jugador A es una persona de mañanas. Lo enmascara cuando juega por la noche, pero a la hora de elegir entre él y el jugador B, con unas habilidades similares, no hay duda: el de tardes está más alerta y en su elemento por la noche. Es él quien debería lanzar el penalti.

CRONOTIPO:
SIETE PASOS PARA DORMIR MEJOR

1. Determina tu cronotipo y establece el de tu familia y amigos cercanos. Utiliza el cuestionario de la Universidad de Múnich si tienes dudas.

2. Manipula tu día de manera que estés al máximo cuando más lo necesites.

3. Utiliza la cafeína para mejorar tu rendimiento de forma estratégica, no por costumbre (y nunca más de 400 mg al día).

4. Personas de tardes: no os quedéis en la cama los fines de semana si queréis evitar el *jet lag* social.

5. Coloca lámparas de luz diurna en salas de reuniones, oficinas y mesas de trabajo para mejorar la alerta, la productividad y el humor en el trabajo.

6. Aprende cuándo dar un paso al frente y cuándo no: ¿deberías presentarte voluntario para chutar un penalti en un partido nocturno si eres una persona de mañanas?

7. Aprende a trabajar en armonía con tu pareja si tenéis cronotipos distintos.

TRES

Un partido de noventa minutos
Duerme por ciclos, no por horas

Te despiertas en medio de la oscuridad. «¿Cuánto he dormido?», te preguntas. Tras levantarte e ir al baño, miras el teléfono: 3:07. Bien, me queda mucho rato para seguir durmiendo. Si te vuelves a acostar ahora, habrás dormido unas ocho horas cuando suene el despertador a las 7:30. Mañana es un día importante, tienes muchas cosas que hacer en el trabajo. Tienes que estar fresco. Necesitas tus ocho horas.

Así que te vuelves a tumbar. Y pasa un rato. Miras el teléfono: 3:33. No pasa nada. Queda mucho rato. Tienes esa reunión a las 10:00, así que tienes que estar fresco. ¿Qué tal irá?, te preguntas, y vuelven las mariposas; tus hombros se han tensado de manera imperceptible. Ya no estás tumbado de lado, estás bocarriba con las manos entrelazadas detrás de la cabeza. Se piensa mucho mejor así. Vuelves a mirar la hora. 3:56. La proximidad de las 4 y el hecho de perder toda una hora antes de mañana, precisamente, te invade de un terror que solo aparece a esas horas de la noche.

Lo último que recuerdas antes de que una impenitente

alarma te arranque del sueño a las 7:30 con la boca seca y un dolor creciente detrás de los ojos son los números 5:53, casi como una burla. No has dormido 8 horas ni de lejos. ¿Cómo vas a poder trabajar hoy?

¿Una solución para todos?

Si te pidiera que pensaras un número cualquiera entre uno y diez, y teniendo en cuenta que estás leyendo un libro sobre el sueño, es probable que eligieras el ocho. Ocho horas de sueño cada noche es un número redondo y bonito, pero es una de esas piezas perdurables de sabiduría sobre el sueño que no encaja con todo el mundo.

La idea de las ocho horas cada noche es relativamente moderna. Más adelante, hablaremos del sueño polifásico, pero ahora basta decir que, hasta el siglo XIX, con la Revolución Industrial y la introducción de la luz artificial, es poco probable que la gente durmiera en un solo bloque de ocho horas de sueño nocturno. Es aún menos probable que se preocuparan por estas cosas.

Ocho horas es la media que se duerme por noche, pero por algún motivo se ha convertido en la cantidad recomendada para todo el mundo. La presión que se impone la gente como consecuencia de esto es increíblemente dañina y contraproducente a la hora de dormir la cantidad de horas que cada uno necesita de manera individual.

La mentalidad de aplicar la misma solución para todos no funciona con todas las facetas de nuestra vida. En temas como el consumo de calorías existe un estándar aceptado por la industria con diferencias entre sexos, aparte de tener en cuenta la diferencia entre las necesidades de un fanático del *fitness* de complexión hercúlea y alguien que lleva una vida más bien sedentaria. Existen indicaciones sobre el consumo máximo diario de alimentos como el azúcar o la sal, pero tomar cantidades inferiores se considera aceptable. No existe un tiempo concreto que debería emplearse diariamente en practicar ejercicio (hacer más del recomendado suele ser bueno). Solo con relación al sueño, y, como veremos más adelante, no solo en este aspecto concreto, se acepta sin más este tipo de sabiduría tradicional.

Lo cierto es que cada uno es diferente. Existen Margarets Thatcher y Marissas Mayer en este mundo que con solo cuatro o seis horas de sueño cada noche gobiernan Gran Bretaña o son directoras ejecutivas de Yahoo, respectivamente, y luego hay personas como el legendario tenista Roger Federer o el hombre más rápido del mundo, Usain Bolt, que dicen necesitar hasta diez horas cada noche.

E incluso teniendo en cuenta estos extremos, nuestra necesidad de sueño varía a lo largo de nuestra vida. Primero de niños y después de adolescentes necesitamos dormir mucho más que de adultos. Según la National Sleep Foundation de Estados Unidos, el adolescente medio (de entre catorce y diecisiete años) necesita entre ocho y diez horas de sueño. El adulto medio necesita entre siete y nueve.

Si necesitas menos de ocho horas de sueño por noche, pero te estás forzando para intentar alcanzar esa cifra, yéndote a dormir cuando no estás cansado y pasando el tiempo tumbado y despierto, estás perdiendo el tiempo. Si miras el reloj en mitad de la noche, calculando con ansiedad cuántas horas te van a faltar para hacer ocho, dando vueltas y preocupándote más y más por si duermes lo suficiente, lo mismo: estás perdiendo tu valioso tiempo no durmiendo.

Los trabajadores por turnos, las tripulaciones de líneas aéreas, los corredores de bolsa, los camioneros de largas distancias, todas estas personas no duermen ocho horas cada noche. Los atletas con los que trabajo no duermen ocho horas cada noche, y no solo por falta de tiempo. Es porque a la hora de dormir no cuentan en horas, cuentan en ciclos.

Los ciclos de sueño

El R90 se basa sencillamente en la recuperación en 90 minutos. No he elegido ese número al azar, no es un número cualquiera entre uno y cien; noventa minutos es la cantidad de tiempo que necesita una persona en condiciones de laboratorio clínico para realizar todas las fases del sueño que constituyen un ciclo.

Nuestros ciclos de sueño están compuestos por cuatro (o a veces cinco) fases distintas, y es fácil imaginar un ciclo como un descenso por un tramo de escaleras. Cuando apagamos la luz y nos metemos en la cama por la noche, estamos al inicio del tramo. Abajo, al final de los escalones, está el sueño profundo, que es donde queremos llegar.

Primer escalón: adormecerse
Fase no-REM (NREM) 1

Poco a poco damos los primeros pasos en este descenso de la escalera, y nos encontramos durante unos minutos en algún punto entre la vigilia y el sueño. ¿Te has despertado alguna vez de golpe porque tenías la sensación de estar cayendo? Esto sucede en este punto y solo es una alucinación, pero implica que hay que volver a comenzar el descenso de la escalera. Es muy sencillo retroceder desde aquí: una puerta que se abre o una voz en la calle pueden provocarlo, pero una vez conseguimos pasar esta fase, continuamos nuestro descenso hacia...

La mitad de la escalera: sueño ligero
Fase NREM 2

En el sueño ligero descienden el ritmo cardiaco y la temperatura corporal. En este punto, aún podemos ser arrastrados al inicio de la escalera por alguien que grite nuestro nombre o, en el caso de las madres (y las mujeres son biológicamente susceptibles a esto), por el llanto de un bebé. Pasamos la mayor parte de nuestro tiempo dormidos en este estado, de modo que a veces puede parecer un tramo de escaleras muy largo, especialmente para aquellos que se quedan atrapados en el sueño ligero, pero no es un tiempo perdido si forma parte de un ciclo equilibrado. La consolidación de la información y la mejora del rendimiento de las habilidades motoras están relacionadas con esta fase[11] y, a medida que seguimos descendiendo, empezamos la transición hacia la parte realmente buena.

---

[11] Walker, M. P., Brakefield, T., Morgan, A., Hobson, J. A. y Stickgold, R. (3 de julio de 2002). Practice with sleep makes perfect: sleep-dependent motor skill learning. *Neuron*, *35*(1): 205-11.

El final de la escalera: sueño profundo
Fase NREM 3 (y 4)

Enhorabuena. Has llegado al final de la escalera. Aquí abajo, cuesta mucho que nos despierten. Si alguna vez has tenido que sacudir a alguien para despertarlo, o si has tenido la mala suerte de ser quien despertaba, aturdido y confuso, comprenderás el poder que tiene el sueño profundo y los efectos de la inercia del sueño. Si eres sonámbulo, este es el momento en el que te levantas.

Durante el sueño profundo, el cerebro emite ondas delta, las ondas cerebrales de menor frecuencia (cuando estamos despiertos producimos ondas beta de alta frecuencia). Aquí es donde queremos pasar el mayor tiempo posible, disfrutando del momento, porque es donde se obtienen los mayores beneficios restaurativos del sueño, como por ejemplo el aumento de la producción de la hormona del crecimiento.[12] Puede que a algún lector le suene la hormona del crecimiento humana (HGH por sus iniciales en inglés) como una sustancia prohibida en el deporte por su capacidad para mejorar el rendimiento, pero nuestro cuerpo la produce de manera natural y sus efectos son potentes. El doctor Michael J. Breus, psicólogo clínico y experto en sueño, de Estados Unidos, la describe como «un ingrediente clave que todos necesitamos de manera rutinaria para el crecimiento celular, la reparación de tejidos, la recuperación del cuerpo del desgaste diario y,

---

[12] Van Cauter, E. y Plat, L. (mayo de 1996). Physiology of growth hormone secretion during sleep. *Journal of Pediatrics, 128*(5 Pt 2): S32-7.

esencialmente, para rejuvenecer (y sentirlo)». Es deseable pasar alrededor de un veinte por ciento de nuestro tiempo aquí abajo durante la noche en sueño profundo.

Helter skelter: REM

En la canción de los Beatles *Helter skelter*, la letra dice que volvemos al inicio del descenso, donde nos detenemos, damos media vuelta y nos vamos a dar un paseo. Se parece bastante a esta fase del sueño. Volvemos arriba, al inicio de la escalera, al territorio del sueño ligero durante un rato, antes de alcanzar una fase del sueño que muchos conocen: REM (*rapid eye movement* [movimiento ocular rápido]). Aquí es cuando nuestra mente nos lleva a dar un paseo. La mayoría de los sueños suceden durante esta fase, cuando nuestro cuerpo se encuentra temporalmente paralizado, y se cree que el sueño REM tiene efectos beneficiosos sobre la creatividad.[13] Necesitamos volver arriba, dar media vuelta e irnos por ahí tanto como bajar hasta el final de la escalera y, una vez más, deberíamos pasar alrededor de un veinte por ciento del tiempo en esta fase. Los bebés pasan aproximadamente la mitad de su tiempo dormidos en esta fase. Al finalizar la fase REM

---

[13] Cai, D. J., Mednick, S. A., Harrison, E. M., Kanady, J. C., y Mednick, S. C. (23 de junio de 2009). REM, not incubation, improves creativity by priming associative networks. *Proceedings of the National Academy of Sciences of the United States of America, 106*(25): 10130-4, doi: 10.1073/pnas.0900271106.

nos despertamos (aunque no solemos recordarlo) antes de empezar el siguiente ciclo.

Cada ciclo de una noche es distinto. El sueño profundo constituye la mayor porción de nuestro sueño en los primeros ciclos porque nuestro cuerpo lo prioriza, mientras que el sueño REM constituye la mayor porción de los siguientes ciclos. Sin embargo, si hemos estado durmiendo menos de lo normal, nuestro cerebro pasará más tiempo en sueño REM durante los primeros ciclos, lo que demuestra lo importante que es para nosotros.[14] Este es solo uno de los motivos por los que recuperar sueño (yéndonos a dormir antes de lo normal o quedándonos en la cama hasta más tarde) es una pérdida de tiempo. Cuando perdemos sueño, ya no vuelve. Pero a nuestro cuerpo se le da muy bien hacer esa recuperación.

En teoría, deberíamos pasar la noche en la cama transicionando de un ciclo a otro, siguiendo un patrón de sueño-vigilia-sueño-vigilia…, pasando gradualmente de menos sueño profundo a más sueño REM a medida que avanza la noche hasta despertar finalmente por la mañana. Esta es la clave para obtener la calidad de sueño correcta: dormir toda la noche obteniendo el sueño profundo y REM que necesitamos en una serie de ciclos que nosotros percibimos como una noche de sueño larga y continua.

---

[14] Endo, T., Roth, C., Landolt, H. P., Werth, E., Aeschbach, D., Achermann, P. y Borbély, A. A. (1998). Selective REM sleep deprivation in humans: effects on sleep and sleep EEG. *American Journal of Physiology*, *274*(4 Pt 2): R1186-94.

Sin embargo, nos encontramos con todo tipo de obstáculos en el camino: ruido, la edad, estrés, medicación, cafeína, molestias físicas como que nos toque la pierna de nuestra pareja, respirar por la boca en lugar de por la nariz, ronquidos y apnea del sueño, la temperatura y la necesidad de ir al baño pueden llevarnos de vuelta al inicio de la escalera y condenar a muchos de nosotros a pasar demasiada parte de la noche en la fase de sueño más ligero, o sacarnos del todo de nuestros ciclos.

Los efectos colaterales de esto pueden oscilar entre un aumento de los niveles de fatiga diurna y consecuencias graves. Nuestros cuerpos pueden arrojarnos a un microsueño durante el día cuando menos lo esperemos, por ejemplo, mientras conducimos el coche o manejamos maquinaria pesada.

Si estamos atrapados en patrones de sueño ligero, da igual cuánto durmamos: no nos beneficiamos totalmente de ello. El enfoque R90 identifica y bloquea los obstáculos que nos impiden llegar al final de la escalera, y todo empieza con el despertador.

¡Despierta!

Al parecer, la flexibilidad es un rasgo deseable en el mundo moderno. Las noches que se alargan, los fines de semana y los viajes nos dicen que evitar las rutinas fijas en la vida vale la pena. Si te has tomado un par de copas y has comido algo después de trabajar, ¿no tiene sentido poner el despertador un poquito más tarde al día siguiente para dormir un poco más? ¿Acaso está mal olvidarlo completamente los días de fiesta?

En realidad, fijar una hora de despertarse es una de las herramientas más potentes a nuestra disposición cuando intentamos mejorar la calidad de nuestra recuperación.

Con nuestros ritmos circadianos fijados por la salida y la puesta del sol, a nuestro cuerpo le encanta trabajar en torno a un eje constante, y a nuestra mente también porque gracias a esta hora fija de despertarse puede construir la confianza necesaria para ser más flexible en otros aspectos vitales.

Elegir una hora fija de despertarse requiere pensarlo un poco y bastante esfuerzo, porque será la hora a la que tendrás que levantarte. Es recomendable observar los dos o tres meses anteriores de tu vida, teniendo en cuenta el trabajo y la vida personal, y elegir la hora más temprana a la que tengas que levantarte. Esta hora debería ser una a la que puedas levantarte todos los días, y no debería haber nada de tu vida que requiera despertarse antes, excepto circunstancias excepcionales como, por ejemplo, un vuelo a primera hora. De modo que no elijas las 7:30 si de vez en cuando tienes que levantarte a las 7:00 para una reunión. En ese caso, elige las 7:00. Y recuerda, tienes que levantarte a esta hora también los fines de semana, así que tampoco elijas algo muy poco realista con la esperanza de poder dormir los días de fiesta.

Piensa un poco en tu cronotipo. Si eres una persona de tardes, no elijas algo muy alejado de tu hora natural de despertarte, pero ten en cuenta que debería tener alguna relación con la hora a la que sale el sol. Cuanto más te alejes de ese hecho, más te alejarás del proceso circadiano. Para una persona de tardes que tiene que levantarse para ir a trabajar a una hora que va en contra de sus ritmos naturales, esta hora de levantarse será esencial para volver a poner en hora el reloj cada día y poder ir al ritmo de las personas de mañanas y los indefinidos.

Una vez hayas establecido la hora más temprana a la que tienes que levantarte, conviértela en tu hora de despertarte. Lo ideal es que tu hora de despertarte sea al menos noventa minutos antes de la hora a la que tienes que llegar al trabajo, la universidad o cualquier otra obligación, de modo que tengas el tiempo suficiente para prepararte tras el sueño.

Es cierto que al principio necesitarás un despertador, pero ya verás cómo tu cuerpo y tu mente se acostumbrarán a despertarse a esa hora. En poco tiempo, verás cómo apagas el despertador antes de que suene, porque ya estás despierto.

Con la hora de levantarse como referencia, ahora puedes contar hacia atrás en ciclos de noventa minutos para establecer a qué hora deberías intentar estar dormido. Si eres una persona media, que intenta dormir ocho horas cada noche, estas equivalen a cinco ciclos cada noche (que son siete horas y media). Si has elegido las 7:30 como tu hora de despertarte, deberías intentar estar dormido a medianoche, lo que implica acurrucarse y relajarse unos quince minutos antes, o lo que sea que necesites para dormirte.

Cuando empiezo a trabajar con un atleta y le pregunto cuánto ha dormido la noche anterior, suele darme una respuesta poco concreta. «Pues unas siete u ocho horas», es su respuesta. Pero es que ellos, como cualquiera, lo consideran algo aleatorio. Creen que se acostaron sobre las once, están bastante seguros de que se levantaron una vez para ir al baño durante la noche y, por lo que recuerdan, se levantaron a las siete o siete y media. La noche antes, ¿quién sabe?

Establecer una hora fija de despertarse elimina la naturaleza aleatoria de nuestro sueño. Nos ayuda a instilar una rutina que nos proporciona la confianza de saber cuánto estamos durmiendo. Si le pregunto a un atleta con el que llevo un tiempo trabajando, me responderá sin dudar: «Anoche dormí cinco ciclos».

Si lo haces cada noche obtienes 35 ciclos a la semana, lo que es sencillamente perfecto. Y, a la vez, algo que no va a suceder nunca. La vida se interpone: un partido nocturno en el caso de un futbolista; un tren que se retrasa al volver a casa, una cena que se alarga, un libro que no puedes dejar de leer o una llamada telefónica de un viejo amigo en nuestro caso. Necesitas tener flexibilidad para gestionar estas cosas, para disfrutar de tu vida y trabajar sin tener que preocuparte por la hora de acostarte. De modo que esta no es fija. Te levantas cada día exactamente a la misma hora, pero cuentas con intervalos de noventa minutos para irte a la cama, aunque no deberías usar el anterior antes de tu hora ideal de acostarte. Como ya hemos dicho, el sueño perdido no se recupera.

De modo que, si llegas a casa un poco más tarde y no estás preparado para irte a dormir de forma natural a medianoche para levantarte a tu hora elegida, las 7:30, puedes acostarte a la 1:30, esto serían cuatro ciclos (seis horas); si llegas aún más tarde puedes acostarte a las 3:00, solo tres ciclos. En ese caso estás forzando la maquinaria.

Aquí trabajas al límite, como los deportistas con los que trabajo. A ellos les encanta esta idea de los espacios de noventa minutos: son medibles y asequibles. A los futbolistas, claro está, les encantan porque duran lo mismo que un partido de futbol. Saben que, cuando lo requiere el momento, pueden empezar a manipular estos ciclos en favor de sus objetivos. Son ellos quienes controlan su recuperación y no al contrario.

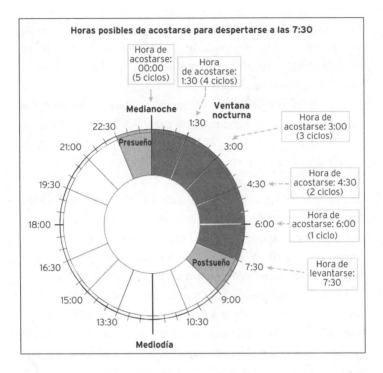

Horas posibles de acostarse para despertarse a las 7:30

«Calendarizar» el sueño

La preocupación por el sueño es un obstáculo al que muchos nos enfrentamos al intentar obtener lo que necesitamos de él. Acostarnos cuando no estamos cansados ni preparados solo va a causarnos problemas, y estresarnos en mitad de la noche no nos va a ayudar a volver a dormir. Una vez empezamos a preocuparnos y agobiarnos, liberamos hormonas del estrés como la adrenalina y el cortisol, que nos ponen aún más alerta.

Quienes no padecemos un trastorno del sueño podemos

tener una «mala noche de sueño» aislada o como resultado de un periodo de estrés y presión. Si se observa dentro de un conjunto más amplio, puede que solo sea un día a la semana, o unos cuantos días al mes.

Yo hablo de dormir en ciclos por semana y no en horas cada noche. Así, de repente, una mala noche de un total de siete no parece tan mala. Nos liberamos automáticamente de la presión porque ya no estamos en el paradigma del todo o nada de las ocho horas cada noche. No nos lo jugamos todo esta noche. En lugar de eso, alguien que necesita cinco ciclos cada noche busca dormir treinta y cinco ciclos por semana. Yo me siento con los deportistas, observo su horario y les muestro cómo conseguirlo. Vemos la semana que tienen por delante y marcamos las zonas problemáticas. En el caso de un futbolista, identificamos problemas en cosas como un partido nocturno de Champions League a media semana. El partido no acabará hasta casi las 22:00, después hay compromisos con los medios, niveles de adrenalina que deben descender y un viaje a tener en cuenta. Esa noche no va a dormir cinco ciclos. De modo que tendremos que ver cómo compensar eso.

Intentaremos evitar tres noches consecutivas de menos de cinco ciclos. Para ello, trataremos de que una o dos noches atípicas vayan seguidas de la rutina ideal de cinco ciclos. Si logramos conseguir al menos cuatro noches a la semana de rutina ideal en nuestro horario, vamos por buen camino. Aún más importante, seremos conscientes de cuánto estamos durmiendo. Y veremos claramente si estamos forzando demasiado las cosas. ¿Cinco noches de menos ciclos en una semana que no forma parte de un breve cambio de régimen? Hay que ver qué pasa.

Dice el proverbio: «Dale a una persona un pez y comerá un día, enséñale a pescar y se alimentará toda la vida», y esto también se aplica al programa R90. Yo llego a un punto con mis clientes en el que puedo mostrarles su horario y decirles: «Yo sé que aquí pueden caber treinta ciclos. Hacerlo depende de ti». A partir de entonces está en sus manos.

Tomar el control del propio sueño es algo muy empoderante para cualquiera, y es posible empezar a manipular los ciclos a corto plazo para obtener más para un suceso o periodo concreto de nuestra vida, como parte de un cambio de régimen controlado. Un atleta que se prepara para los Juegos Olímpicos puede pasar de una rutina de cinco ciclos por noche a una de cuatro, lo que le libera casi dos días al mes. Saber que se puede liberar tiempo, aunque solo sea algo momentáneo, proporciona mucha confianza. Algunas personas pasan de cinco ciclos a cuatro y descubren que funcionan mejor. Ya no se despiertan durante la noche. Ahora saben cuánto sueño necesitan. Se sienten frescos y optimistas porque, después de todo, el día tiene suficientes horas.

Tú también puedes hacer eso en tu vida. Empieza con cinco ciclos y observa cómo te encuentras pasados siete días. Si te parece demasiado, prueba con cuatro. ¿Demasiado poco? Prueba con seis. Lo sabrás porque, una vez te hayas ajustado a ello, deberías sentirte mejor. Lo que de verdad quiero que sientas es la confianza de que controlas tu sueño. Una vez te sientas a gusto con lo que creas que es tu noche ideal, entonces podrás empezar a ajustarla para cubrir las necesidades de tu estilo de vida. Igual que un deportista de élite, deberías intentar que dos noches de menos ciclos vayan seguidas de una ideal, y procurar conseguir, al menos, cuatro rutinas ideales cada semana.

No hay motivo para alarmarse si no siempre lo consigues, como tampoco lo hay para preocuparse por todo eso de las ocho horas cada noche, porque estás empezando a tomar las riendas de tu sueño. Al «calendarizarlo«, podrás ver cuándo duermes menos y cuáles son los problemas, en lugar de tener la sensación de que no has dormido lo suficiente, sin ningún tipo de prueba que lo respalde, e identificar qué partes de tu rutina puedes cambiar.

Una vez te sientas cómodo con los ciclos de sueño, puedes empezar a imitar a los atletas olímpicos que se preparan para los Juegos y hacer breves cambios de régimen para circunstancias concretas. Si estás entrenando para una maratón y tienes que encajar el entrenamiento con el trabajo, puedes reducir tus ciclos por noche. Si estás trabajando en un proyecto que te exige mucho, pasa a una rutina de cuatro ciclos para llevarlo a cabo. Si estás realmente presionado en el corto plazo, intenta pasar a tres.

Puede que te estés diciendo a ti mismo: «Un momento, ¡yo no puedo funcionar con tres o cuatro ciclos cada noche!». Pero eso es porque sigues pensando en dormir de forma monofásica, como si se tratara de un solo bloque cada noche, en vez de considerar un periodo de recuperación de 24 horas con otras ventanas y oportunidades para compensar el hecho de hacer menos ciclos por la noche. Y eso que aún no estás considerando como ingrediente innegociable el tiempo que pasamos preparándonos para ir a dormir y el de después de despertarnos. Como verás en los dos siguientes capítulos, dormir es mucho más que el tiempo que pasamos haciéndolo por la noche.

CICLOS, NO HORAS:
SIETE PASOS PARA DORMIR MEJOR

1. Tu hora fija de despertarse es el ancla de la técnica R90: elige una y cíñete a ella. Si compartes cama con tu pareja, convéncela de que haga lo mismo e, idealmente, intenta que la hora sea también la misma.

2. Piensa en dormir en ciclos de noventa minutos, no en horas.

3. Tu hora de acostarte es flexible, pero está determinada por una cuenta atrás en periodos de noventa minutos a partir de tu hora de despertarte.

4. Observa el sueño como un periodo de tiempo más amplio para eliminar la presión. Una mala noche de sueño no te matará: piensa en ciclos por semana.

5. Intenta evitar tres noches seguidas de menos ciclos que el que es tu ideal.

6. No se trata de calidad contra cantidad. Determina cuánto necesitas. Para la persona media, el ideal son treinta y cinco ciclos por semana. Entre veintiocho (seis horas cada noche) y treinta está bien. Si duermes menos de lo que has previsto, puede que no lo estés haciendo bien.

7. Intenta alcanzar tu cantidad ideal al menos cuatro veces por semana.

CUATRO

Calentar y enfriar
Rutinas pre- y postsueño

El día ha sido largo. Llegas a casa cerca de las 23:00 después de haber estado trabajando y haber ido a cenar tarde y tomar unas copas de vino con un par de colegas. Te quitas los zapatos de un puntapié, te desnudas y dejas la ropa arrebujada en una pila en el suelo antes de lavarte los dientes bajo el brillo impenitente de la luz del baño. Finalmente, vas al dormitorio para meterte bajo la colcha al lado de tu pareja, que se despierta un instante, se da media vuelta y vuelve a dormirse. Estás lleno y cansado, y llevas todo el trayecto en taxi pensando en este momento. Cierras los ojos y te dejas llevar...

Te despiertas de golpe con tu mente repasando a toda velocidad la conversación de la cena. ¿Qué querían decir tus colegas con muchas de las cosas que han dicho? ¿Has sido poco profesional, o incluso un poco maleducado, en algo de lo que has dicho sobre otros compañeros de la oficina?

Ahora estás despierto. Tu mente pasa a otros temas: ¿acabarás a tiempo el proyecto en el que estás trabajando? ¿Vas a volver a retrasarte? ¿Cómo quedará?

Tu corazón se acelera, y tu vieja amiga, la indigestión, ha llegado tras la cena que has acabado de tomar hace una hora. Estás inquieto e incómodo: ¿deberías levantarte o quedarte en la cama? Estás completamente molido: ¿por qué demonios no puedes dormirte?

El antes y el después

Si yo llego a casa sobre las 23:00, mi hora ideal de acostarme para hacer cinco ciclos antes de mi hora fija de despertarme a las 6:30, no me limito a llegar, cepillarme los dientes y meterme en la cama directamente. En lugar de eso, me espero a la siguiente hora, las 00:30, y esa será una noche de cuatro ciclos. Si no, ¿cómo iba a poder llevar a cabo mi rutina presueño?

«Si no te preparas, prepárate para fracasar» es una frase que podría haber sido escrita pensando en la recuperación pre- y postsueño. Lo que haces inmediatamente antes de irte a la cama tiene consecuencias directas en la calidad y la duración del sueño, mientras que lo que haces después de despertarte tiene un impacto significativo en el resto de tu día (y la noche siguiente).

En el programa R90 observamos estos periodos pre- y postsueño como algo tan importante como el tiempo que pasamos durmiendo. De hecho, son más importantes, porque se puede ejercer un control directo sobre ellos. Es ahora cuando podemos empezar a observar estos noventa minutos no solo como segmentos de tiempo que pasamos dormidos, sino como porciones de nuestra vigilia. Idealmente, tendremos un periodo de noventa minutos de presueño y otro de la misma duración de postsueño.

Visto así, una rutina de cuatro ciclos no son solo seis horas de sueño por la noche, sino nueve horas dedicadas al proceso de descanso y recuperación. Esto no significa que tengas que bloquear noventa minutos cada mañana y cada noche durante los que no harás nada más que prepararte para dormir o para el día que te espera. Se trata más bien de moderar la actividad, dejar de lado los factores que no ayudan y que inhibirán las horas que pasarás durmiendo o enfrentándote a los retos de tu vigilia, e introducir aspectos que encajen mejor con tus ritmos circadianos y tu cronotipo.

Presueño

Tu rutina presueño es la preparación para asegurarte de que te encuentras en un estado listo para el sueño. Es el trabajo que haces para ponerte en una posición donde puedas empezar con tu primer ciclo y pasar sin obstáculos por los ciclos subsiguientes durante la noche, con la cantidad necesaria de sueño ligero, profundo y REM.

Como haría el ciclista del equipo Sky con las ganancias marginales al acercarse una carrera, cuando nos aproximamos al estado del sueño, una posición en la que seremos vulnerables durante varias horas, tenemos que empezar a apartar las cosas que se van a interponer en nuestro camino.

Si has comido tarde, entonces tienes que apartar este factor y no irte a la cama enseguida. Estar lleno y en proceso de digestión interferirá con la necesidad circadiana de vaciar el intestino hacia las 21:00 o las 22:00, y afectará a la calidad de tu sueño. El alcohol, a pesar de tener la capacidad de proporcionarnos una agradable sensación de somnolencia, afecta a la calidad del sueño cuando se consume en exceso. Si has tenido unas cuantas conversaciones tensas en el trabajo, no vas a dejar de pensar en ellas por el hecho de acostarte. Tienes que descargar tus pensamientos. Necesitas una rutina presueño.

En una noche corriente en casa, cuando tengo previsto estar dormido hacia las 23:00, empiezo a prepararme hacia las 21:30. No sucede nada espectacular, no me levanto de la silla y exclamo: «¡Voy a prepararme para el presueño!». Pero sé que, si sigo teniendo algo de hambre, tengo que tomarme un tentempié ligero; también tengo que tomar los últimos fluidos de la noche para no despertarme sediento. Y vaciaré la vejiga, porque no quiero despertarme con ganas de ir al baño durante la noche.

El presueño no consiste solo en ocuparse de las funciones corporales aparentemente obvias antes de acostarse. Existen muchos otros factores en los que podemos trabajar para asegurarnos de que estamos totalmente preparados para entrar en el estado del sueño.

Apagón tecnológico

Apagar computadoras, tabletas, teléfonos inteligentes y televisores en el periodo anterior al sueño restringirá tu exposición a la luz artificial que estos emiten. Para aquellos que no pueden prescindir de su tecnología antes de acostarse, existen programas como f.lux o el modo Night Shift del sistema operativo móvil de Apple, que «calentará» la temperatura de color de sus dispositivos y reducirá la luz azul. Pero eso no soluciona el otro problema de la tecnología antes de acostarse: su efecto sobre los niveles de estrés y su capacidad para mantener el cerebro alerta.

Si estás contestando correos electrónicos y mensajes justo antes de acostarte, te expones a situaciones potencialmente estresantes. El mensaje que has recibido quince minutos antes de irte a la cama puede ser de esos que te hará dar vueltas a la cabeza cuando estás intentando dormir. Puede que te cueste dormirte antes de recibir una respuesta al mensaje que has enviado, otra cosa más por la que preocuparte y que no puedes controlar.

Si ponemos un toque de queda para nuestros correos electrónicos y mensajes, nos enfrentaremos a cualquier situación potencialmente estresante al menos noventa minutos antes de acostarnos. Si eres de los que se estresan mientras esperan la respuesta a un mensaje que acaban de enviar, puedes escribir el mensaje, guardarlo como borrador y mandarlo por la mañana, que es un poco como dejar la carta con el sello puesto, lista para meterla en el buzón. De este modo estás tomando el control, no solo de tu correspondencia, sino también de tu disponibilidad. Estás diciendo que no siempre estás disponible para contestar correos electrónicos a las 22:00.

Los mensajes personales son un poco diferentes, claro está. Si estás en los inicios de una nueva relación, no vas a alejarte del teléfono una hora antes de acostarte si existe la posibilidad de recibir un mensaje de texto de tu amante. ¡Quién sabe qué podrías estar perdiéndote! Pero apagar computadoras portátiles, tabletas y dispositivos similares, poner freno a los correos electrónicos del trabajo, decir no a ver en la cama una película de acción de alto voltaje o jugar a un videojuego de disparos en tu pantalla plana con sonido de alta definición, es decir, reducir cualquier uso de tecnología en el periodo anterior al sueño, puede ser un buen principio. Hay personas a quienes esto ya se les da muy bien. Cada vez veo más firmas de correo electrónico y respuestas automáticas que indican «Solo consulto el correo electrónico tres veces al día» o dejan claro que no están conectados a su correo veinticuatro horas al día los siete días de la semana. Para estas personas es fácil apagar la tecnología, pero para el resto de nosotros no basta con procurar hacerlo. ¿Cómo parar si no sabes cómo?

Un gran paso es identificar con qué frecuencia consultas el dispositivo a lo largo del día y por qué motivo (mensajes de texto, correo electrónico, alertas, redes sociales, laborales y no laborales). Apple reveló que el usuario medio de iPhone desbloquea su teléfono ochenta veces al día, lo que parece mucho hasta que empiezas a monitorizar cuántas veces lo haces tú. La mayoría de nosotros lo hacemos, al menos, cada vez que recibimos una alerta.

Si intentamos buscar una ventana durante el día en la que podamos tomarnos un descanso de la tecnología y hacer algo placentero, podremos empezar a tomar el control. Si dejas el teléfono cuando vas a hacer ejercicio (la natación es una buena idea, porque incluso la persona más adicta a la tecnología evita que su teléfono inteligente se moje, pero también puedes ir al gimnasio o a caminar), estás creando una recompensa para tu cuerpo y mente a través de los beneficios del ejercicio y liberándolos de tener que responder constantemente a alertas y mensajes.

No tiene por qué ser ejercicio. Puedes dejar a un lado el teléfono de camino al trabajo y leer un libro en su lugar, o puedes dejarlo en el cajón cuando vas a comer con un amigo o colega. Todo esto proporciona al cerebro una asociación entre una actividad placentera y el descanso tecnológico. Cuando te sientas cómodo haciéndolo, podrás integrarlo en tu rutina presueño, que es en sí misma un regalo para tu cuerpo y mente, y asegurarte de que tu teléfono se va a dormir a la misma hora que tú.

Existen, por supuesto, algunas aplicaciones que pueden serte de ayuda durante este periodo. Existen muchas *apps* de *mindfulness* y meditación que puedes usar para relajarte mientras te preparas para dormir, y si te funcionan, no las abandones (aunque el dispositivo en el que las usas debería quedarse fuera del dormitorio o, si es posible, deberías sacarlo de allí después de usarlo).

Del calor al fresco

Cuando estábamos en nuestra isla en el capítulo 1, la temperatura bajaba cuando el sol se ponía y empezábamos a prepararnos para el sueño. Nuestra temperatura corporal desciende de manera natural por la noche, como parte de nuestros ritmos circadianos, pero cosas como la calefacción pueden interferir con eso. Podemos superarlo y acceder a nuestra necesidad biológica en casa mediante un par de trucos.

En primer lugar, y aunque parezca una obviedad, procurar que el edredón no sea demasiado fino ni demasiado grueso. Puede que te parezca lógico acurrucarte en una camita caliente, pero una vez que la temperatura corporal se pone a trabajar, empezarás a tener demasiado calor y quizá a sudar copiosamente, cosas que pueden sacarte del ciclo de sueño. Sacar la pierna de debajo del edredón, algo que requiere un pensamiento consciente, puede funcionar un rato, pero en última instancia lo que prevalecerá será la molestia y el sueño roto. Las bolsas de agua caliente y las cobijas eléctricas no son nada recomendables, a no ser que se usen para reducir el helor en una habitación especialmente fría o que estemos ante una persona especialmente sensible a la temperatura.

Mantener la habitación fresca (que no fría) es importante. En invierno se puede hacer apagando el radiador o desconectando el control de temperatura del dormitorio al entrar a dormir. Puedes darte una ducha templada (no caliente) para elevar un grado o dos la temperatura corporal, de modo que al entrar en una cama fresca te aproximes al cambio de temperatura entre el día y la noche.

En verano, mantener las cortinas o las persianas cerradas todo el día, así como ventilar el dormitorio puede ayudar a mantenerlo uno o dos grados por debajo del resto de la casa. Dormir solo con una sábana o la funda del edredón (sin el relleno) puede ayudar. Quienes tienen aire acondicionado pueden usarlo para refrescar la habitación antes de ir a dormir si la noche es especialmente calurosa, mientras que los demás pueden usar un ventilador con una botella de agua helada situada ante las aspas.

Hay personas a quienes ducharse les ayuda como parte de su presueño porque les resulta más cómodo meterse en la cama limpios, pero no hay por qué darse una ducha completa, basta con un aclarado rápido. Como la mayoría de los consejos de este capítulo, se trata de encontrar lo más apropiado a cada uno.

De la luz a la oscuridad

Nuestro reloj biológico responde a pasar de la luz a la oscuridad. Empezamos a producir melatonina, de modo que nos entra sueño, pero muchas de las cosas de las que nos rodeamos a la hora de acostarnos interfieren con esto. Ya hemos mencionado la tecnología, pero existen algunas otras áreas que podríamos mejorar.

Bajar la intensidad de todo a medida que se aproxima el presueño es una buena idea. Apaga las luces principales de casa y hazte con lámparas menos potentes equipadas con bombillas de colores cálidos (rojo o ámbar, que no afectan del mismo modo que las azules) o velas en el salón y el dormitorio para proporcionar luz ambiental. Por supuesto, es fácil echar a perder todo este trabajo si nos lavamos los dientes antes de acostarnos bajo la luz fluorescente del baño. Una solución sería cepillarse los dientes antes y otra podría ser cambiar la bombilla del baño por otra menos brillante. ¿Y qué tal poner unas velas? Si noche tras noche acabas frente al espejo al lado de tu pareja cepillándote los dientes en silencio bajo el brillo implacable de la luz del baño, las velas serían una buena alternativa a esta recurrente pesadilla presueño. No es tan romántico como una cena a la luz de las velas, pero sí que proporciona cierto ambiente especial a una parte muy mundana de la rutina presueño y puede que los ayude a dormir antes.

Deberías poder crear una oscuridad total en el entorno en el que duermes para replicar el proceso circadiano. La mayoría de nosotros tenemos alguna interferencia de luz artificial en el dormitorio, especialmente si vivimos en una ciudad. De modo que hay que asegurarse de que las cortinas o las persianas sean de la calidad necesaria para dejar todo eso afuera, lo que implica que no haya espacio entre las cortinas por el que se cuele la luz. Si fuera necesario, invierte en unas persianas plegadizas. Durante las grandes vueltas del glamuroso mundo del ciclismo profesional, a veces utilizo cinta adhesiva y grandes bolsas de basura negras para cubrir las ventanas de los hoteles donde se alojan los corredores.

Si te gusta leer antes de irte a dormir, considera hacerlo fuera del dormitorio, así pasarás de la luz (en la habitación en la que estés leyendo) a la oscuridad del dormitorio. Si leer en la cama es un ritual presueño tan importante que prefieres dar vueltas toda la noche antes que abandonarlo, considera apagar la luz al acabar de leer, salir de la habitación y volver a entrar a oscuras antes de acostarte. Los simuladores de amanecer tienen una función para pasar de la luz a la oscuridad que también podría serte útil.

Todo en su sitio

Teniendo en cuenta que lo más importante de la rutina presueño es apartarse del uso de televisores, teléfonos inteligentes y *laptops*, puede que te estés preguntando: ¿y qué hago yo entonces?

Es un buen momento para ordenar la casa. No estoy hablando de vaciar tu hogar como parte de cierto estilo de vida enloquecido que se está poniendo de moda, sino de emprender acciones positivas en tu entorno para que, cuando estés dormido o preparándote para dormir, tu mente quede libre de las pequeñas molestias que representan hacerte la bolsa por las mañanas, recordar llevar la ropa a la tintorería de camino al trabajo o el sobresalto de recordar de repente que se te ha acabado el té. Es increíble lo que puede llegar a pasarte por la cabeza por las noches.

Realizar algunas tareas sencillas y no estimulantes por casa para prepararte mejor para el día siguiente se ocupará de esto y dará a tu mente el espacio que precisa. Puedes, por ejemplo, planchar y guardar ropa, ordenar tu entorno, sacar la basura para reciclar y dejarlo todo a punto para la mañana. No te preocupes si no eres una de esas personas obsesionadas por el orden, también puedes dejar la ropa tirada sobre una silla, que es donde tiene que estar, y tu bolsa en el suelo frente a la puerta de la calle para que no se te olvide. Todo en su sitio (según tu opinión).

En lugar de dejar los platos para la mañana, este es un buen momento para hacerlo. Es una tarea sencilla, no requiere mucho esfuerzo ni energía e implica irse a la cama con la cocina limpia. Seas consciente o no de ello, es una cosa menos en la que pensar durante la noche. Si sueles poner el lavavajillas o la lavadora por la noche porque la electricidad es más barata a esas horas, piénsalo mejor. Quizá no los oigas cuando te metes en la cama, pero ¿qué pasa si te despiertas en mitad de la noche? ¿No lo oyes entonces, cuando el mundo es un poquito más silencioso y aparecen nuevos sonidos audibles? Ponlos a otra hora si no están lo suficientemente lejos como para no tener ningún impacto.

Aprovechar este periodo de tiempo para tener a punto las cosas básicas para el día siguiente liberará tu mente para la noche que le espera, y una vez te hayas ocupado de las cosas pequeñas, habrás ganado tiempo para ocuparte del problema más grande.

Descargar el día

Uno de los resortes más potentes para sacarte del ciclo de sueño son los pensamientos: reflexionar sobre el día que acabas de experimentar y preocuparte por el que te espera mañana. Aproximadamente el ochenta y dos por ciento de los británicos se lamentan de haber perdido el sueño por este motivo en algún momento de su vida.[15] Reducir la tecnología inútil antes de acostarnos ayuda a prevenir que aparezcan ansiedades nuevas en la ecuación, pero no eliminará los problemas existentes.

Tenemos millones de pequeños momentos que se acumulan y conforman nuestros días: una conversación con un colega, el camino al trabajo, una comida con un amigo, la instalación de un nuevo programa informático en el trabajo, una ensoñación mientras miramos por la ventana..., y el cerebro debe digerir todo esto. De hecho, los científicos creen que una de las razones por las que dormimos es para procesar nuestras experiencias y convertirlas en recuerdos y para consolidar las habilidades aprendidas.[16]

Nos podemos preparar mejor para esto si descargamos nuestro día. Tomamos todas las experiencias vividas a lo largo del día y las archivamos, y preparamos así nuestra mente para digerirlas mientras dormimos. Esta sencilla tarea que acabo de describir nos ayuda, y existen otros métodos que

---

[15] Encuesta del Sueño del Reino Unido (*Great British Sleep Survey*), de 2012.

[16] Walker, M. P. (septiembre-octubre de 2008). Sleepdependent memory processing. *Harvard Review of Psychology, 16*(5): 287-98. doi: 10.1080/10673220802432517.

podemos incorporar en nuestra rutina presueño que también pueden hacerlo. A algunas personas les resulta útil meditar o realizar ejercicios de respiración, y si te ayuda a descargar el día, deberías incluirlo en tu rutina.

A mí me ayuda buscar papel y lápiz y escribir una lista de «lo que me pasa por la cabeza», incluyendo pensamientos y cualquier cosa que me haya preocupado durante el día. No es mi lista de «cosas que hacer», que está a salvo en mi calendario de la nube, sino algo más personal. Si hay alguna cosa de mi negocio que me ha estado rondando la cabeza, puede que me deje una nota para llamar al cliente por la mañana; si se acerca un cumpleaños de alguien querido o algo como el Día de la Madre, puede que dibuje un ramo de flores como recordatorio. A veces solo garabateo o dibujo, de forma muy relajada e informal, en un proceso que se puede hacer en cualquier momento antes de ir a la cama. Después dejo el papel al lado de las llaves de casa (o de cualquier otra cosa que no me olvide nunca) para tomarlo a la mañana siguiente.

Dejarlo por escrito significa que me voy a dormir con la sensación de que, por el momento, me he ocupado del tema de forma responsable, y puedo confiar en que el trabajo que lleva a cabo mi cerebro mientras duermo se ocupará de ello durante la noche.

Seguridad

Dormir es el estado más vulnerable en el que nos colocamos durante todo el día, de modo que tenemos que sentirnos lo más seguros posible. Cerrar con seguro puertas y ventanas, o comprobar que lo hemos hecho, nos ayudará a instilar esa sensación de seguridad y, al igual que descargar el día, eliminará pensamientos inútiles, como «¿me he dejado abierta la ventana del baño?», que nos impiden dormir.

Ejercicio antes del sueño

En el periodo anterior al sueño debería evitarse el ejercicio extenuante (a excepción del sexo, claro está, del que hablaremos más adelante). Aumenta el ritmo cardiaco, la temperatura corporal y la adrenalina, y la luz brillante y la música atronadora de muchos gimnasios es lo más alejado que existe de la idea de nosotros dos sentados alrededor del fuego. Pero un poco de ejercicio ligero: un corto paseo alrededor de la manzana, algo de yoga como los saludos al sol, un ciclo amable de bicicleta estática o unos estiramientos pueden ayudar. Este ejercicio puede comportar el beneficio adicional de aumentar la temperatura corporal, de modo que pasarás de caliente a fresco al meterte en la cama.

Dormir por la nariz

La mayoría de nosotros valoramos menos respirar que dormir. Sin embargo, respirar bien mientras dormimos es vital si queremos tener una transición tranquila entre los ciclos de sueño. Algunos desórdenes habituales como los ronquidos o la apnea del sueño, en la que las personas que la padecen dejan de respirar repetidamente durante la noche y se despiertan porque el cerebro alerta de la falta de oxígeno (los pacientes ni siquiera lo recuerdan por las mañanas, normalmente son sus parejas quienes lo detectan), pueden alterar significativamente nuestro sueño, del mismo modo que si quien los padece es la persona con quien compartimos cama, y ambos problemas derivan de la respiración.

En su magnífico libro *The Oxygen Advantage*, algo así como la biblia de la respiración nasal, Patrick McKeown escribe: «Se ha demostrado que respirar por la boca aumenta significativamente el número de casos de ronquidos y apnea obstructiva del sueño [...] como todos los niños saben, la nariz se hizo para respirar y la boca, para comer».

Respirar por la nariz parece muy fácil, y existen una gran cantidad de beneficios asociados a la adopción de este método, pero aquí lo que nos interesa es la respiración nocturna. Si te despiertas con la boca seca y casi siempre te llevas un vaso de agua a la cama, es probable que respires por la boca mientras duermes. Tener la boca húmeda al despertar sugiere que respiras por la nariz. Así que, ¿cómo podemos intentar influir en algo que sucede de manera automática mientras dormimos?

Si has visto alguna vez a un ciclista o un corredor con algo parecido a una tirita sobre la nariz, ya tienes la respuesta. Como parte de nuestra rutina presueño, podemos ponernos una tira nasal Breathe Right en la nariz para dilatar el paso del aire y fomentar la respiración continuada por la nariz. También han aparecido productos más avanzados, como Turbine o Mute de Rhinomed. Estos se sitúan dentro de la nariz para abrir las fosas y cada vez los utilizan más atletas de élite. Decidir cuál usas para dormir es un tema de gusto. Es recomendable ponérselos y respirar un rato con ellos antes de irse a la cama para acostumbrarse al producto, y puedes practicar en cualquier momento: de camino al trabajo, en la oficina, en el gimnasio y siempre que quieras que respirar por la nariz se convierta en el gesto natural.

Patrick McKeown va un paso más allá: él se pone una tira Breathe Right y se tapa la boca con una tela adhesiva hipoalergénica suave para asegurarse de que por la noche respira por la nariz. La calidad del sueño de Patrick mejoró inconmensurablemente al adoptar este método, y es el que recomienda a sus clientes, una vez se convencen de que no se asfixiarán durante la noche. (Es totalmente seguro). Un producto denominado SleepQ+, un gel para sellar los labios inventado por Rob Davies, de Rispiracorp, que cierra suavemente los labios para promover la respiración nasal por las noches, promete revolucionar esta práctica.

Postsueño

Si el presueño es todo lo que haces para prepararte para tener la mejor calidad de sueño, el postsueño es la rutina para hacer que todo ese trabajo y las horas siguientes que has pasado dormido no hayan sido en vano. Una buena rutina postsueño te ayudará a pasar del estado dormido a un estado de vigilia completa, de modo que puedas gestionar tu día de forma positiva, e incluso te colocará en el mejor estado posible para cuando te vayas a la cama por la noche.

De nuevo, noventa minutos puede parecer mucho tiempo para reservar por las mañanas, pero estos pueden incluir el trayecto hasta el trabajo. El postsueño, claro está, empieza con el ancla de la técnica R90, la hora fija de despertarse, pero las trampas de la vida moderna enseguida ponen obstáculos a nuestras necesidades biológicas.

El retorno de la tecnología

Si un atleta profesional se despierta, consulta el teléfono inmediatamente y ve un tuit que no le gusta y empieza a responder enfadado, no está lo bastante despierto como para hacerlo de forma racional, y puede abrir una polémica que lo persiga durante el resto de la jornada. Puede que al día siguiente amanezca con un relato no deseado de todo ello en los periódicos.

No consulto las notificaciones y alertas del teléfono nada más despertarme porque sé que no estoy a punto para enfrentarme a nada como debería. ¿A que intentas no responder mensajes cuando has bebido? Al despertar no acabamos de funcionar, y nuestro nivel de cortisol, una hormona que producimos como respuesta al estrés, se encuentra en el punto más alto justo en ese momento. No hace falta que la elevemos aún más o que mantengamos ese nivel durante el resto del día y echemos así a perder la sincronización de nuestros ritmos. La primera parte de tu periodo de vigilia no tiene que ser potencialmente estresante.

De modo que, idealmente, deberías dejar el teléfono fuera del dormitorio durante la noche. Hazte con un despertador estándar o, aún mejor, un simulador de amanecer para despertarte, de modo que lo primero que hagas por las mañanas sea poner a tono tus ritmos circadianos. Después, deberías abrir las cortinas o persianas y dejar que entre la luz natural. Eso aumenta nuestro nivel de alerta, ayuda a poner en hora el reloj biológico y nos permite hacer el cambio de turno de hormonas, pasando de la melatonina a la serotonina. Nos sitúa en una mejor posición de la que estábamos hace solo unos minutos para enfrentarnos con lo que sea que nos esté esperando en el teléfono.

Idealmente, deberías dejar en paz el teléfono y otros dispositivos hasta más tarde, cuando ya estés alimentado e hidratado, pero al menos deberías asegurarte de que no es lo primero que haces al despertar. Igual que por las noches, podemos entrenarnos para tomarnos un descanso de la tecnología por las mañanas. Puedes ponerte una alarma en el teléfono para que suene quince minutos después de levantarte y no tocarlo hasta entonces. Después puedes aumentar el tiempo a veinte minutos, etcétera. Noventa minutos libres de tecnología al inicio del día es mucho pedir para algunas personas, pero quince minutos es mejor que nada, te acercan a un estado de vigilia completo.

El desayuno de los campeones

«El desayuno es la comida más importante del día», dice el conocido cliché que puede hacer suspirar de hastío a ciertas personas de tardes que se lo saltan. Digámoslo de otra manera: no hay ni un solo atleta con el que haya trabajado que no desayune, independientemente de su cronotipo. Sencillamente, de lo contrario, no serían capaces de hacer lo que hacen.

Desayunar nos proporciona la gasolina que necesitamos para empezar el día. Si cenaste a las 20:00 la noche antes y te has levantado a las 7:00, llevas once horas sin comer. Si eres de los que no tienen hambre al despertar, intenta comer alguna cosa en esos noventa minutos siguientes, aunque sea algo pequeño, unos bocados de tostada, unos sorbos de batido de frutas o un trozo de fruta. Hazlo a diario y pronto verás cómo te acabas la tostada, la pieza de fruta o hasta la última gota del batido.

Desayunar nos proporciona el combustible para el día y nos asegura volver a tener hambre a la hora de comer y a la hora de cenar; en otras palabras, nos hace tener hambre a las horas correctas, en lugar de sentir la necesidad de tomar un tentempié poco saludable en cualquier momento y encontrarnos cansados y perezosos.

El desayuno no tiene que ser un ritual que nos robe tiempo: tostadas, cereales y fruta son cosas rápidas de preparar y consumir. Añade algo de fluido y también te hidratarás. Si tienes el tiempo y los recursos, tómate el desayuno al aire libre, si el clima lo permite, o en una habitación con luz natural, para que el sol también ponga de su parte para despertarte. Si está oscuro porque es pleno invierno, toma el desayuno bajo una lámpara de luz diurna en lugar de la luz artificial de la cocina. Es muy fácil tomar algo a toda prisa por la mañana sin ni siquiera abrir las cortinas antes de salir corriendo al trabajo.

A muchos solo nos apetece una taza de té o café para empezar el día. Consumidos con moderación, pueden formar parte perfectamente de una rutina postsueño. En el deporte se usa la cafeína porque mejora el rendimiento de forma magnífica, pero se utiliza con cuidado. Tomar mucha cafeína justo después de despertar empieza a sumar para el límite máximo de 400 miligramos al día. Luz natural, hidratación y combustible, todo ello ayuda al cuerpo a despertar cuando toca si se lo permites, y hará que no te desmorones más tarde. Recuerda, la calidad del sueño depende de lo que haces desde el momento en que te despiertas.

Ejercicio

El ejercicio es un aspecto excelente para incorporar a la rutina postsueño. Hay auténticos fanáticos de salir a correr a primera hora, o hacer una sesión de piscina o gimnasio antes de ir a trabajar, pero no tiene por qué ser algo extenuante. Salir a caminar, un poco de yoga o pilates suave para preparar el cuerpo para el día, o ir a pie o en bicicleta al trabajo si tienes la suerte de poder hacerlo, todo ello son buenas actividades en las que emplear tu rutina postsueño. Si el ejercicio se realiza al aire libre, mejor que mejor. Te beneficiarás de que sea la luz del sol la que te despierte, aumentando tus niveles de serotonina y poniendo en hora tu reloj biológico, lo que constituye el tipo de actividad postsueño que te ayudará a dormir por la noche y a beneficiarte de ello durante el día. Debido al creciente número de trabajadores autónomos que existen en la sociedad, los hábitos de trabajo están cambiando (se contabilizaron 4,2 millones en el Reino Unido en 2014, aproximadamente un 13,9 por ciento de la población activa, frente a los 2,7 millones de 1998),[17] por lo que es una buena idea incorporar a la rutina previa a empezar a trabajar el hábito de salir a tomar el aire y a que te dé el sol.

---

[17] Oficina Nacional de Estadística del Reino Unido (2014). *Características de los trabajadores autónomos.*

Desafíos mentales suaves

Poner en marcha el cerebro por las mañanas puede ser un proceso gradual, de modo que llevar a cabo algunas formas sencillas de estimulación mental, como escuchar la radio, planchar una camisa o hacer alguna tarea doméstica, puede ayudar. Leer un libro o las noticias, o escuchar un podcast de camino al trabajo son buenas formas de conectar con el mundo.

Cronotipo

Como es comprensible, nuestro cronotipo ejerce una gran influencia sobre nuestras mañanas. Las rutinas postsueño son más importantes para las personas de tardes, ya que las de mañanas, que tienen unos ciclos de sueño más ligeros antes de despertar, están en su mejor momento a esas horas. Aunque suene contraintuitivo, porque podrían pasar más tiempo durmiendo, cuanto más cercano a los noventa minutos sea el tiempo que le dedica una persona de tardes al postsueño, mejor. Ten cuidado con los colegas de cronotipo opuesto que te arrastran y te agotan por las mañanas y a quienes arrastras tú por las tardes, o viceversa. Hazte con una lámpara de luz diurna para el trabajo para compensar.

Días de cobija

Si te gusta quedarte en la cama los días de fiesta, es probable que lo primero que sacrifiques del programa R90 sea la hora fija de despertarse cuando se te antoje un día de cobijas y series después de una semana especialmente dura en el trabajo (o una noche de fiesta). Pero esto no es necesario, pues puedes incorporar esas cosas a tu vida y conservar algo de armonía con tu reloj biológico.

Lo que deberías hacer es poner el despertador igualmente a tu hora fija de despertarte, y a continuación llevar a cabo los aspectos de tu rutina postsueño que puedas. Seguramente te saltes el ejercicio, pero seguro que puedes ir al baño al despertarte, que te dé un poco de luz natural y desayunar. Después, puedes volver a la cama. Así estarás haciendo lo posible por sintonizar con tus ritmos circadianos mientras haces lo que quieres hacer. No es un gran sacrificio ni te estás negando ningún disfrute al seguir el programa R90. Incluso los profesionales del deporte tienen días así (normalmente después de un evento, claro) y a veces no hay nada mejor que un maratón de películas bajo el edredón, pero siempre que lo controlemos y no permitamos que altere demasiado la rutina natural. Es importante intentar que el dormitorio esté asociado exclusivamente a actividades de recuperación.

Dormir de forma eficiente

No podemos controlar lo que hacemos mientras estamos dormidos, pero sí podemos controlar todo lo que nos conduce a ello y lo que sucede después. Incorporar rutinas pre- y postsueño en nuestra vida puede parecer difícil al principio, especialmente cuando tenemos la sensación de que no nos queda tiempo, pero con algunos cambios sutiles en nuestro horario todos podemos encontrar formas de hacerlo.

Los beneficios pueden resumirse en una palabra: *eficiencia*. La rutina presueño nos prepara para entrar en los ciclos de sueño y obtener así la mejor calidad de recuperación en el tiempo que pasamos en la cama, aunque ese tiempo esté truncado por nuestro estilo de vida. Nos da la flexibilidad y la libertad de acostarnos más tarde cuando es necesario, la confianza de que podemos descargar el día y hacer lo posible por disipar todos los pensamientos inútiles para no malgastar nuestro valioso tiempo no durmiendo.

La rutina postsueño nos permite ser más eficientes durante el periodo de vigilia. Si nos tomamos el tiempo de aplicarlo, nos permite llegar al trabajo o a compromisos sociales más preparados y alerta, para poder así sacar el máximo rendimiento a esas actividades y dar el máximo de nosotros. Podemos llegar a una reunión a las 9:00 y sentirnos a punto en lugar de acelerados y sobreestimulados por la cafeína.

Al adoptar una rutina postsueño empezaremos a sentir que podemos tomar decisiones para preservarla. Si tu hora fija de despertarte son las 7:30 y alguien te propone una reunión a las 8:30, tú puedes proponer educadamente pasarla a las 9:00, para poder gozar de 90 minutos para ponerte a punto. Si no lo consigues, sesenta minutos son aceptables como rutina postsueño, pero si el tiempo es inferior, porque tienes una reunión a las 8:00, por ejemplo, resulta demasiado poco y contraproducente, por lo que en este caso deberías retroceder todo un ciclo y levantarte a las 6:00. Estas decisiones también pueden empezar a tener una influencia sobre otros aspectos de tu vida.

Si tienes que tomar un avión y necesitas conducir hasta el aeropuerto a primera hora de la mañana, tienes que tomar una decisión. O bien saltas de la cama, te vistes y tomas el coche, o haces la excepción de retroceder tu hora de despertarte un ciclo (de las 7:30 a las 6:00). Si eliges la segunda opción, es más probable que respetes el límite de velocidad, porque no tendrás prisa y estarás más alerta, a pesar de haberte despertado antes. Habrás comido y estarás hidratado, habrás ido al baño, hecho ejercicio y te habrás expuesto a luz natural (ya sea la del sol o la de una lámpara de luz diurna), todas esas cosas que tu cuerpo prefiere antes que saltar directo al coche y empezar a conducir. Una vez llegues al aeropuerto y te encuentres con tu amigo, podrás mantener una conversación más articulada. Si no te gusta alguna cosa en el aeropuerto, por ejemplo, una bolsa que parece abandonada, podrás tomar mejores decisiones sobre qué hacer.

En el deporte, estas decisiones pueden producir ventajas microscópicas en tiempo real, un par de milésimas de segundo en una carrera, que pueden marcar la diferencia. Para un *sprinter* con cronotipo de tardes que tiene que competir a primera hora, cuando no está en su mejor momento, una buena rutina postsueño puede ser la diferencia entre llevarse la medalla de bronce o entrar cuarto y quedarse sin medalla. Puede implicar que un atleta sepa que no tiene que forzar en el entrenamiento, mientras que su rival, sin una rutina postsueño efectiva, acaba lesionándose la pantorrilla y su carrera finaliza incluso antes de empezar.

RUTINAS PRE- Y POSTSUEÑO:
SIETE PASOS PARA DORMIR MEJOR

1. Las rutinas pre- y postsueño afectan directamente a la calidad del sueño y al periodo de vigilia: valóralas como las actividades importantes que son, y serás más eficiente todo el día y toda la noche.

2. Descansa de la tecnología a lo largo del día como recompensa y entrenamiento para el cuerpo y la mente.

3. El postsueño es de vital importancia para las personas de tardes que quieren seguir el ritmo de las de mañanas (no lo sacrifiques todo en favor del botón de aplazar la alarma).

4. ¡No mandes mensajes borracho! Aumenta tu estado de alerta antes de revisar el teléfono.

5. Pasar tu cuerpo de un ambiente cálido a uno fresco ayuda a activar el descenso natural de la temperatura corporal, una ducha rápida de agua templada y un entorno de sueño fresco ayudarán a ello.

6. Ordena tu entorno y tu mente y descarga tu día antes de acostarte para no quedarte tumbado pensando, cuando podrías estar durmiendo.

7. El presueño consiste en apagar (respirar por la nariz, relajarse, pasar de la luz a la oscuridad), mientras que el postsueño va de arrancar tranquilamente. Estos periodos te pertenecen exclusivamente a ti.

CINCO

¡Descanso!
Redefinir la siesta: la armonía entre actividad y recuperación

Bienvenido a tu reunión de después de comer del viernes por la tarde. El sol se cuela en la tibia habitación entre las persianas medio levantadas e ilumina el polvo que flota en el ambiente. Aún tienes dando vueltas en el estómago la pizza que elegiste a la hora de comer, y estás intentando escuchar a la persona que describe las diapositivas mientras el proyector zumba suavemente de fondo. Te empiezan a pesar los párpados y...

¡Paf! Te despiertas de golpe. ¿Cuánto rato llevas dormido? Miras al resto de la mesa en busca de gestos de desaprobación, alguna risita de un colega, pero todos los ojos están sobre la persona que habla. Qué alivio. Deben de haber sido solo unos segundos.

Te has librado, pero más te vale concentrarte. Miras hacia la persona que habla, tomas el bolígrafo de la mesa y haces cuanto puedes para disimular tu lapso momentáneo de consciencia.

Y entonces vuelve a suceder.

El bajón de la tarde

Para algunos es como el turno de noche de las oficinas, otros lo llaman el bajón de después de comer. Lo llames como lo llames, este periodo de mediodía, cuando la fatiga del día empieza a pesar y que los españoles han dedicado tradicionalmente a su siesta, mientras el resto del mundo se fuerza a realizar reuniones improductivas y tomar altas dosis de cafeína, es un fenómeno muy común en hogares y lugares de trabajo de todo el mundo. También es la clave para redefinir el sueño tal y como lo conocemos.

En el programa R90, hasta ahora nos hemos dedicado a tratar el sueño nocturno, pero, si de verdad quieres aprender a dormir como los atletas de élite con los que trabajo, tienes que aprender a desbloquear también horas del día. Es aquí donde aprenderemos a pensar no en términos de sueño, sino de proceso de recuperación física y mental.

La recuperación es un compromiso que se extiende las 24 horas del día los siete días de la semana, y si usas la luz natural, además del método nocturno, proporcionarás a tu mente y a tu cuerpo la oportunidad de reiniciarse continuamente, sin dejar de cumplir con las exigencias de la vida moderna.

Empezaremos con el segundo periodo natural de recuperación de mediodía, dado que es la mayor y más efectiva ventana para recuperar un ciclo perdido por la noche, para prepararnos para una tarde que puede alargarse, y trabajar en armonía con nuestros ciclos nocturnos como parte de nuestra rutina semanal de sueño y despertar. Al usar ese tiempo para una siesta vespertina podemos empezar a maximizar las horas del día para rendir mejor.

No te preocupes si no eres persona de siestas. Las siestas tal y como las conoces forman parte de las ideas anticuadas sobre el sueño. En el mundo del deporte no las llamamos siestas, las llamamos periodos de recuperación controlados (PRC). No nos dedicamos a tomar siestas indiscriminadamente. Nos apropiamos de determinadas oportunidades a lo largo del día y extraemos el máximo beneficio de ellas, al igual que los directores ejecutivos de grandes empresas y algunas de las personalidades más exitosas del mundo de las artes y el espectáculo. Tú también puedes hacerlo, aunque creas que no puedes dormir durante el día, porque todo el mundo puede, y debería, aprender a usar un periodo de recuperación controlado.

Cuando confluyen necesidad y deseo

La historia está plagada de famosos aficionados a la siesta vespertina, como Winston Churchill, Napoleón Bonaparte y Bill Clinton, y el periodo de siesta sigue vigente en países de todo el mundo, no solo en España, sino también en todo el Mediterráneo, los trópicos y los subtrópicos. Si observamos las comunidades aún existentes de cazadores-recolectores, que es lo más cercano que tenemos sobre cómo debíamos de vivir hace miles de años, y ciertamente más sencillo que mudarnos a una isla desierta para averiguarlo por nosotros mismos, vemos que el sueño polifásico es prácticamente la norma. Carol Worthman, catedrático de Antropología de la Universidad de Emory de Estados Unidos, estudió a tribus de lugares como Botsuana, Zaire, Paraguay e Indonesia y llegó a esta conclusión: «El sueño es un estado muy fluido. Duermen cuando les apetece: durante el día, por la tarde o en mitad de la noche».[18]

Los patrones de los reguladores internos del sueño de nuestro cuerpo muestran que dormir de forma polifásica es totalmente natural. En el capítulo 1 hemos hablado de cómo nuestro sueño está regulado por nuestros ritmos circadianos, el deseo de dormir, y la presión creciente del sueño, la necesidad de dormir. La ventana de sueño principal se origina por la noche, cuando crece el deseo circadiano (que alcanza su cénit sobre las 2:00-3:00) e intersecciona una necesidad alta de sueño.

Pero a media tarde, entre las 13:00 y las 15:00 para la mayoría de las personas, o un poquito más tarde para algunos cronotipos de tarde, sucede algo interesante. La presión del sueño crece de manera estable, como es normal, pero el ritmo circadiano se eleva bruscamente desde su punto más bajo a primera hora de la mañana, lo que produce un deseo pronunciado de dormir que coincide con una necesidad también bastante alta a causa de la actividad del día, y que nos ofrece una segunda ventana de sueño.

Esta ventana es una oportunidad perfecta para introducir un ciclo completo de noventa minutos o un periodo de recuperación controlado de treinta minutos en perfecta armonía con el deseo y la necesidad de nuestro cuerpo. Cuando abordo el horario de un atleta, este periodo de mediodía lo uso para compensar noches con menos ciclos, ya sea consecuencia de la noche anterior o como anticipación para la no-

---

[18] Warren, J. (diciembre de 2007). How to sleep like a hunter-gatherer. *Discover*. Disponible en: http://discovermagazine.com/2007/dec/sleeping-like-a-hunter-gatherer.

che siguiente. Al sumar los ciclos semanales, uno de estos (ya sea de treinta o de noventa minutos) contabiliza para el total.

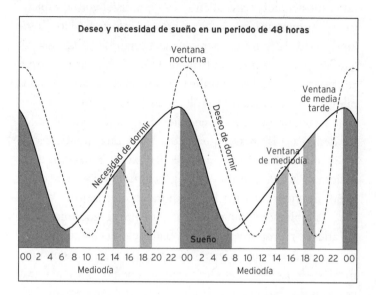

El poder de la siesta

No hay que desdeñar el poder de la siesta. Un estudio de la Universidad de Düsseldorf muestra que incluso las siestas muy breves mejoran el proceso de la memoria,[19] mientras que

---

[19] Lahl, O., Wispel, C., Willigens, B. y Pietrowsky, R. (marzo de 2008). An ultra short episode of sleep is sufficient to promote declarative memory performance. *Journal of Sleep Research*, *17*(1): 3-10. doi: 10.1111/j.1365-2869.2008.00622.x.

un estudio de la NASA sobre sus efectos en los vuelos de larga distancia concluyó que «Las siestas pueden mantener o mejorar el subsiguiente rendimiento, la alerta fisiológica y subjetiva, y el humor».[20] Uno de los autores del informe, Mark Rosekind, jefe de la Administración para la Seguridad Nacional del Tráfico por Autopista de Estados Unidos, ha afirmado que «una siesta de veintiséis minutos mejora el rendimiento de los pilotos un 34 por ciento y la alerta un 45 por ciento».[21]

Las siestas tienen una enorme importancia para los pilotos de largas distancias, que suelen hacer una cuando ceden los mandos al copiloto, y aprovechan así los beneficios de la mejora de la alerta. A todos nos gusta que el piloto esté en su mejor momento cuando llega la hora del aterrizaje.

También mejoran significativamente el rendimiento de los atletas, y proporcionan estos beneficios a cualquiera. Teniendo en cuenta las exigencias de nuestra vida, el sueño nocturno suele ser el primer sacrificado, y tenemos que encontrar maneras de gestionar este hecho. Pero también debemos encontrar maneras de encajar los PRC en nuestros horarios, dado que dormir durante el día aún no es algo que esté bien visto por muchos empleadores.

Un atleta de élite es más probable que pueda permitirse el lujo de capitalizar un ciclo entero de noventa minutos en

---

[20] Rosekind, M. R., Smith, R. M., Miller, D. L., Co, E. L., Gregory, K. B., Webbon, L. L., *et al.* (diciembre de 1995). Alertness management: strategic naps in operational settings. *Journal of Sleep Research*, 4(S2): 62-6.

[21] Disponible en: http://swampland.time.com/2011/04/26/memo-tothebossnaps increaseperformance/.

este periodo, ya que la recuperación física es una parte muy real y aceptada de su trabajo. Ellos (normalmente) no tienen un gerente que se pregunte por qué han desaparecido durante noventa minutos.

Un ciclo de noventa minutos tiene un posible inconveniente que aparece en el momento justamente posterior, la inercia del sueño, que es la sensación de mareo y desorientación que se experimenta al despertar. Es importante tener esto en cuenta al planificar los periodos de recuperación controlados. Si un atleta olímpico compite por la noche, tendrá tiempo para superar cualquier posible inercia del sueño y disfrutar de los beneficios de este periodo de sueño; si compite antes, tendrá que plantearse un periodo de treinta minutos o no hacer siesta.

La opción de treinta minutos es seguramente la más práctica para el resto de nosotros. Mientras que los estudios muestran que las siestas de treinta minutos pueden producir inercia del sueño, porque es posible llegar al sueño profundo en ese periodo de tiempo,[22] según mi experiencia esto apenas tiene consecuencias y no es un factor para tener en cuenta en absoluto si se realiza como lo hacen los atletas con los que trabajo.

Toma cafeína de antemano, un *espresso* es una dosis buena y rápida, para que surta efecto hacia el final del PRC. La cafeína tarda aproximadamente veinte minutos en afectar al cuerpo, y es útil para la mejora del rendimiento si se utiliza en dosis controladas. Intenta no tomar la cafeína en forma de

[22] Brooks, A. y Lack, L. (junio de 2006). A brief afternoon nap following nocturnal sleep restriction: which nap duration is most recuperative? *Sleep*, *29*(6): 831-40.

un largo y reposado café con leche, porque podría empezar a hacer efecto al principio del PRC, y controla la cantidad ya consumida. Si estás muy cerca del máximo diario de 400 miligramos, pasa del suplemento de cafeína.

Una lámpara de luz diurna en la mesa de trabajo o salir a que nos dé la luz natural también nos ayudará a superar rápidamente cualquier inercia, y así podremos disfrutar de todos los beneficios de un periodo de recuperación controlado, como quienes hacen esas siestas de veintiséis minutos de la NASA.

Cómo hacer un periodo de recuperación controlado

Denominar «power nap» (siesta potente) a la siesta de media tarde ha permitido a esta práctica librarse un poco de su mala reputación en el entorno empresarial. La efectividad de estos periodos de sueño cortos y restauradores ha sido reconocida por muchos programas de bienestar empresarial, que proporcionan instalaciones para que su plantilla haga una siesta por la tarde. Estas instalaciones pueden ser bastante básicas o de última generación, con todo tipo de sonidos de ballena y aceites esenciales. Lo cierto es que nada de eso es necesario.

Cuando trabajé con el Manchester United a finales de la década de 1990, el club introdujo por primera vez sesiones de entrenamiento dobles en la pretemporada. Yo sugerí entonces la creación de instalaciones para que los jugadores se relajaran y pudieran hacer sus PRC entre sesiones y así mejorar su recuperación de la primera sesión de entrenamiento y prepararse mejor para la segunda. Tanto sir Alex Ferguson como el fisioterapeuta jefe, Rob Swire, apoyaron la idea, de modo que creamos la que probablemente fue la primera sala de recuperación en un campo de entrenamiento. Elegimos una sala adecuada con capacidad para doce jugadores, pusimos algunas tumbonas individuales y enseñamos a los futbolistas cómo usarla.

Todo era muy básico, ni sonidos de ballenas ni aceites esenciales, pero funcionó. Fue un paso clave hacia donde hemos llegado en la actualidad en el campo de la recuperación de sueño, y los jugadores de uno de los equipos de más éxito de la historia del club, o de cualquier club, en realidad, se beneficiaron totalmente de su gran apertura de miras respecto a algo tan radical como el sueño diurno.

Lo cierto es que podemos echar una siesta en cualquier sitio. La mayoría de nosotros hemos cabeceado en una reunión o un tren lleno de gente, y si se puede hacer allí, entonces podemos sin duda intentarlo en un entorno más controlado. Incluso aunque no trabajes para una empresa con programa de bienestar, puedes encontrar algún sitio para hacerlo: una oficina o sala de reuniones vacía, un rincón tranquilo del comedor de la empresa, el sofá de la sala de personal o incluso en un banco del parque si el clima lo permite. No es como irse a dormir por la noche, de modo que, si no encuentras un lugar en el que tumbarte, puedes hacerlo sentado. Incluso conozco gente que se encierra en el baño para su siesta vespertina, y pilotos que lo hacen en su asiento en la cabina mientras vuelan a más de 800 kilómetros por hora a una altura de más de 4000 metros.

Tampoco te tiene que preocupar que haya gente a tu alrededor. Una vez aprendas a hacerlo, los demás ni siquiera se darán cuenta. Pero antes de llegar tan lejos, primero hay que encontrar un lugar donde podamos ponernos cómodos en algún momento de la tarde. Si trabajas en casa, no uses la cama, opta por el sofá o una butaca, deja la cama para dormir por la noche o para los ciclos enteros de noventa minutos por la tarde. Si puedes, pon el teléfono en silencio para que no te interrumpa el sonido de notificaciones o mensajes y ponte el despertador, idealmente, para treinta minutos después. Si dispones de menos tiempo, ponlo para cuando puedas, las siestas más cortas también son beneficiosas.

A continuación, cierra los ojos y déjate llevar. Es más fácil de decir que de hacer, estarás pensando. Hay personas capaces de hacer esto y dormirse al momento. Pueden despertarse diez o veinte minutos después o puede que necesiten su alarma. Otros, los que enseguida exclaman que ellos «no pueden dormir la siesta», no serán capaces de quedarse dormidos. Pero esta es una de las revelaciones sobre este proceso para esas personas: da igual.

Da igual si no alcanzas un estado de sueño. Lo importante es utilizar este periodo para cerrar los ojos y desconectar del mundo un rato. Dormirse es genial, pero también lo es llegar a ese punto de duermevela, cuando no estás despierto, pero tampoco dormido, y también lo es alcanzar ese momento en el que sueñas despierto, sin pensar en nada en realidad, cuando la mente está totalmente en blanco.

Existen productos que nos pueden ayudar. Existen prácticas de meditación, *apps* de *mindfulness* y todo tipo de cosas que puedes usar para alejarte de todo. Al hacerlo, seremos capaces de apartarnos del estrés y las tensiones del día, lo que nos permite empezar a preparar una parte de la descarga que haremos más tarde en la rutina presueño. Si nos centramos en que nuestra mente consciente se diluya y su energía huya a otro lugar, seremos capaces de absorber y archivar los sucesos del día hasta ese momento.

El cerebro es una herramienta potente que se puede entrenar para hacer todo tipo de cosas sorprendentes. Al exponernos de manera regular a esta posición en la que podemos beneficiarnos del bajón de media tarde, incluso quienes sostienen que «no pueden dormir la siesta» verán como cada vez se les da mejor. Si la aplican en conjunción con una rutina de ciclos más corta por la noche, caso en el que este periodo de fatiga será más pronunciado, puede que duerman, aunque solo sean unos minutos, el tiempo suficiente para que el cerebro empiece a procesar recuerdos. Después de una siesta, tómate cinco minutos para observar lo que te rodea, hidratarte y, si es posible, que te dé un poco de luz natural. La mejora del humor y la alerta, así como el descenso de la necesidad de dormir se mantendrán durante el resto de la tarde e incluso hasta primera hora de la noche.

El periodo de recuperación de media tarde

Para quienes no son capaces de capitalizar el periodo de recuperación de mediodía, se presenta otra oportunidad más avanzado el día. Si alguna vez te has dado cuenta de que cabeceabas volviendo del trabajo o has llegado a casa a media tarde y te has quedado frito un rato ante el televisor, ya conoces esta ventana.

Dormir dos veces por la noche no es algo inaudito. El historiador Roger Ekirch presentó pruebas en su libro *At Day's Close: A History of Nighttime* de que hubo un tiempo en el que dormíamos en dos veces: la primera tras la puesta del sol y la segunda a medida que se hacía de día, tras un par de horas despiertos en mitad de la noche. Sin embargo, esto fue antes de que la luz artificial aumentara las posibilidades de nuestras noches y la Revolución Industrial cambiara nuestras ideas sobre el tiempo: el sueño segmentado parecía una pérdida de este en esa sociedad orientada a la productividad.

No estoy insinuando ni por asomo que volvamos allí. Hoy en día, nuestra noche está muy viva, y ninguno de nosotros quiere perderse una buena velada nocturna si podemos evitarlo. Lo que sugiero es capitalizar tiempo a media tarde, sobre las 17:00-19:00 (o un poco después para los cronotipos de tarde), cuando nuestra necesidad de sueño es alta, especialmente si hemos dormido menos de lo normal la noche anterior, aunque nuestro deseo se reduce. Esta ventana se puede usar para un periodo de recuperación controlado de treinta minutos si hemos perdido la ventana de mediodía; sin embargo, un ciclo de noventa minutos es probable que interfiera con nuestro sueño nocturno.

Esta ventana es más práctica para mucha gente, especialmente para quienes trabajan de 9:00 a 17:00. Mientras que les puede costar encajar un PRC a mediodía debido a los compromisos de trabajo, o a que no se encuentran en un entorno de trabajo que promueva los descansos adecuados, esta ventana de media tarde puede serles útil: pueden llegar a casa del trabajo (a menudo exhaustos), hacer su PRC y salir más por la noche.

El periodo de media tarde está asociado al cliché de hombre mayor con pipa y zapatillas que cabecea con el periódico en el regazo. Los tiempos han cambiado, y esta ventana de recuperación es una oportunidad para redefinir esta vieja estampa. Existe un mito respecto del sueño que dice que nuestra necesidad de él se reduce a medida que envejecemos. De hecho, aunque es cierto que nuestra habilidad para dormir disminuye con la edad, la cantidad de sueño que necesitamos no.

Los directores ejecutivos que quieren seguir trabajando mientras puedan hacerlo deberían tomar nota de esto. A medida que envejecemos, nuestro sueño se hace más polifásico de manera natural, de modo que en lugar de programar reuniones y sobreestimularnos durante esos periodos, podemos usarlos. Si te sientes soñoliento a esa hora, asume el control de la situación. Busca un lugar tranquilo, pon la alarma de tu dispositivo al cabo de treinta minutos y cierra los ojos: la mejora del rendimiento será mayor que la que obtendrías de una taza de café, y añadirás sueño a unos ciclos nocturnos cada vez más fragmentados y reducidos. Si tiendes a cabecear en el sofá a esa hora, también puedes tomar el control. Ve a un lugar tranquilo, pon la alarma y tómate tu periodo de recuperación controlado para obtener los máximos beneficios.

Aquellos de nosotros que no aprovechan el periodo de mediodía, sino que anticipan usar la ventana de media tarde para hacer su PRC aún tienen que enfrentarse al problemilla de afrontar la tarde. Aquí es donde conviene manipular un poco el horario del día, si el trabajo lo permite, para no exponerse a nada muy complejo cuando sabemos que estamos de bajón. Podemos intentar evitar las reuniones en el periodo posterior a la comida, o, al menos, aquellas que fijamos nosotros. Si podemos manipular las cosas para que las tareas menos exigentes coincidan con este periodo, algo de papeleo o fotocopias, o agrupar la documentación de un informe en el que ya hemos estado trabajando, mucho mejor; y si existe algún aspecto del trabajo que implica salir al exterior, como ir al banco o a la oficina de correos, intentemos hacerlo a esas horas.

Como siempre, la luz natural es nuestra aliada a la hora de obtener un extra de energía, y esa es la razón por la que, si trabajamos en una oficina, no deberíamos pasar toda la pausa de la comida sentados en la mesa de trabajo. Si comes delante de la computadora, intenta salir a que te dé la luz natural y el aire en lugar de «aprovechar para trabajar». Si no puedes hacerlo, tú (o tu empresa) puedes invertir en una lámpara de luz diurna para que te estimule en la mesa, o puedes usar productos como Valkee's Human Charger que, a ojos de los demás, parece un juego de auriculares normal y corriente. En realidad, proporciona terapia de luz a la glándula pineal mediante los oídos.

Trabajes donde trabajes, busca algo de luz en este periodo. Tu productividad decae y necesitas descansar y estimularte para superar el bajón de media tarde.

Tómate un respiro

Abrir una de estas dos ventanas de tiempo durante el día nos proporciona la confianza para liberar parte de la presión a la hora de dormir. Nos permitirá acostarnos más tarde y no preocuparnos mucho sobre si estamos durmiendo lo suficiente; si estamos despiertos por la noche, nos tranquilizará saber que podemos programar un PRC al día siguiente. Estos periodos no pueden reemplazar el sueño nocturno a largo plazo, por eso el programa R90 aconseja llevar a cabo la rutina ideal al menos cuatro veces por semana, pero pueden funcionar de forma armónica con los ritmos de tu cuerpo para aumentar el número de ciclos por la noche, mejorar la recuperación y contribuir al buen humor y la alta productividad.

El «sueño» no es solo algo físico, sino que consiste en dar a la mente la oportunidad de recuperarse en un proceso de veinticuatro horas. Las siestas abren estas dos ventanas durante el día, pero también debemos intentar aprovechar ventanas aún más pequeñas de manera regular a lo largo del día si queremos permitir a nuestro cuerpo y mente rendir al máximo.

Los descansos son una parte vital del método. En el deporte, la necesidad física es obvia: si el atleta está sometido a una rutina de entrenamiento especialmente agotadora, necesitará recuperarse antes de seguir con la sesión. Pero también existe una necesidad mental que es igual de importante. Precisamos descansos regulares para ayudar a consolidar la información y porque nuestra concentración no se sostiene sin ellos. Los deportistas de élite son como cualquiera de nosotros: se distraen e, incluso, se aburren. La concentración de un atleta de élite acabará por flaquear si realiza una tarea durante demasiado tiempo.

El psicólogo sueco K. Anders Ericsson, cuyas investigaciones fundamentaron la famosa «regla de las 10.000 horas» que dice que esta es la práctica requerida para alcanzar la excelencia en cualquier habilidad, escribió:

> Expertos de muchos ámbitos desarrollan su actividad sin descanso solo durante una hora [...]. Músicos y atletas de élite sostienen que el factor que limita su práctica deliberada es principalmente su inhabilidad para mantener el nivel de concentración necesario.[23]

[23] Ericsson, K. A., Charness, N., Feltovich, P. J. y Hoffman, R. R. (2006). *The Cambridge Handbook of Expertise and Expert Performance*, Cambridge, Reino Unido: Cambridge University Press.

Mientras que la mayoría de nosotros no consideramos lo que hacemos en nuestras vidas cotidianas como «práctica deliberada», el mensaje es el mismo. No podemos mantener los niveles de concentración que necesitamos cuando trabajamos, de modo que, al final, si no descansamos, somos menos eficientes. Nos fatigamos y nos frustramos.

Tómate un respiro. Si puedes apartarte del trabajo cada hora, deberías hacerlo, pero para muchas personas esto no es posible. Sin embargo, si observamos la recuperación en periodos de noventa minutos como lo hacemos con el programa R90, esto se convierte en algo un poco más factible. La mayoría de nosotros somos capaces de encontrar algún motivo para levantarnos de la mesa cada noventa minutos en la oficina, y aunque trabajes en una tienda o una fábrica o cualquier lugar más restrictivo, cada noventa minutos será más sencillo que cada hora.

¿No tienes tiempo para tomarte un respiro? Pues búscalo. Si lo haces, serás más eficiente, y tus niveles de concentración se habrán refrescado. No tiene que ser un gran descanso. Ve a hacerte una taza de té; o ve al baño (aunque no tengas ganas); sal un par de minutos; levántate y charla con un colega o haz una llamada telefónica. En realidad no importa. Lo primordial es alejarte del entorno físico y mental en el que trabajas y proporcionar a tu mente una pequeña ventana de recuperación. Si te pasas el día sentado en tu mesa, a tu cuerpo también le irá bien alejarse.

Empieza a hacer pequeños ajustes que te faciliten las cosas. Nadie va a impedirte que vayas a beber agua, así que en lugar de llenar una botella de dos litros y dejarla en la mesa, utiliza un vaso, que tendrás que rellenar más a menudo.

En esos descansos, podemos intentar practicar lo que

hacemos durante las siestas, que es disociar el pensamiento del entorno y desconectarnos un momento. Estos «descansos mentales» cada noventa minutos mejorarán nuestro rendimiento inmediato, reducirán los niveles de estrés, y su acumulación a lo largo del día hará que nos sintamos menos cansados por la tarde. También contribuyen a la «descarga» del día, porque permiten al subconsciente absorber y archivar lo que se ha estado haciendo. Cada noventa minutos, y sumados a periodos de recuperación controlados cuando sean necesarios, contribuyen a nuestro bienestar.

Con un poco de práctica, podrás aprovechar ciertos momentos durante reuniones o conversaciones de grupo en los que no tengas que prestar mucha atención para desconectar y tomar un pequeño respiro mental. Estarás echando una siesta con los ojos abiertos en una habitación llena de gente: no sabrán lo que estás haciendo.

Puedes ir a hablar con un colega sobre el partido de anoche o lo que dieron en la tele, algo que no requiera mucha atención, y hacerlo. Hablar de algo cómodo y que no requiera esfuerzo es un buen descanso para la mente, y siempre puedes perderte en tus propios pensamientos si la persona con la que estás hablando se deja llevar un poco.

Puedes usar auriculares en tu mesa para escuchar una *app* de meditación o algo que te ayude a desconectar un par de minutos. Yo siempre llevo encima una piedra pulida con importantes implicaciones para mí; cuando necesito desconectar, me meto la mano en el bolsillo, cojo la piedra y me desconecto un rato, lo que le proporciona a mi mente la oportunidad de recuperarse. Puede que estemos hablando mientras lo hago, tú no lo vas a notar.

Pon la alarma del teléfono cada noventa minutos para no olvidar los descansos. Empezarás a tener una idea de lo que duran noventa minutos y, antes de que te des cuenta, ya no necesitarás las alarmas; sentirás de manera natural que es hora de abandonar un rato lo que estés haciendo.

Pronto verás que todo tu día (y no solo la noche) puede dividirse en ciclos de noventa minutos. Puedes usar esto para obtener cierta armonía entre tus periodos de actividad y recuperación. Con tus ciclos nocturnos, tus rutinas pre- y postsueño, tus periodos de recuperación controlados y estos descansos, tu día ya no parece un largo *sprint* antes de caer rendido en la cama durante, quizá, ocho horas (seguramente menos), y otra vez a empezar.

Puedes ser creativo con estos descansos y usarlos en beneficio de otros elementos de los indicadores clave de la recuperación mediante el sueño. Cada noventa minutos puedes descansar de la tecnología. Como los descansos que haces en beneficio de las rutinas pre- y postsueño, conviértelos en una recompensa para el cuerpo y la mente. Empieza con cinco minutos, pero intenta aumentarlos a veinte, de modo que de cada noventa minutos solo pases setenta conectado al correo electrónico, las redes sociales, las alertas y los mensajes. Si sientes el deseo de mandar un mensaje, escríbelo y mándalo más tarde. No vas a perder amigos o categoría en el trabajo por tardar veinte minutos en contestar correos electrónicos en algunos momentos del día, y la confianza que ganes gracias a tu habilidad para tomarte estos descansos es un buen entrenamiento para cuando tengas que reducir el uso de tecnología más tarde, durante tu rutina presueño.

Si no duermes, tú te lo pierdes

Las siestas han tenido siempre mala prensa y quienes las practican han sido tildados de vagos y perezosos, e incluso los españoles se están planteando eliminarla. Muchas empresas empiezan a dar pasos en la buena dirección con sus programas de bienestar, pero muchas siguen ancladas en la Edad Media en lo referente a la recuperación física y mental, y esto tiene que acabar. Existe la creencia de que «si te duermes, no ves pasar las oportunidades», una idea que les encanta a ciertos tipos de personas del mundo de los negocios, que se dedican a cazarlas al vuelo, pero si te lo crees, acabarás como esos dinosaurios. En lo relativo a la recuperación, al final, si no duermes, tú te lo pierdes.

En el Reino Unido, el Departamento de Transportes estima que una cuarta parte de los accidentes en las carreteras principales están relacionados con el sueño,[24] mientras que un informe estadounidense destaca la correlación entre la hora del día y los accidentes en los que el sueño ha sido un factor determinante.[25] No nos sorprende descubrir que son más probables entre las 2:00 y las 6:00 y durante el bajón de media tarde, entre las 14:00 y las 16:00, incluso aunque no se haya dado falta de sueño.

---

[24] Flatley, D., Reyner, L. A. y Horne J. A. (2004). *Sleeprelated Crashes on Sections of Different Road Types in the UK (1995–2001).* Departamento de Transporte del Reino Unido.

[25] Federal Motor Carrier Safety Administration (FMCSA) of the US Department of Transportation (USDOT). (2007). *Advanced Driver Fatigue Research.*

El cansancio mata, y también se lleva por delante el rendimiento. En el deporte de élite, en el que los atletas son cualquier cosa excepto «vagos» o «perezosos», usamos periodos de recuperación controlados y, como indica K. Anders Ericsson, los especialistas de otros campos, como escritores y músicos famosos tienen una «mayor tendencia a hacer siestas de recuperación».[26]

En otras palabras, si quieres aprender de la élite, ya es hora de aprender a descansar y recuperarse. Es hora de que las empresas redefinan su cultura y se tomen en serio esos periodos: que minimicen las reuniones durante el letargo de después de comer y ofrezcan a su equipo la oportunidad real de apartarse del trabajo; promover las pausas regulares; proporcionar las instalaciones y promover que el equipo se tome periodos de recuperación controlados. Sigamos el ejemplo de gigantes de la tecnología como Google, cuya cultura y flexibilidad horaria les permite estar orgullosos de su cultura del trabajo: «Para crear los trabajadores más productivos y felices del mundo».

Hay que empezar a tomarse en serio estos descansos, porque las empresas (y tú mismo) se beneficiarán de las ventajas del aumento de productividad a largo plazo.

---

[26] Ericsson, K. A., Charness, N., Feltovich, P. J. y Hoffman, R. R. (eds.). (2006). *Cambridge Handbook of Expertise and Expert Performance*. Cambridge, Reino Unido: Cambridge University Press.

ARMONÍA ENTRE ACTIVIDAD Y RECUPERACIÓN: SIETE PASOS PARA DORMIR MEJOR

1. Los periodos de recuperación controlados durante la ventana de mediodía (13:00-15:00) son la forma perfecta de complementar los ciclos nocturnos en armonía con los ritmos circadianos.

2. A media tarde (17:00-19:00) surge la siguiente mejor oportunidad, ya que la necesidad es alta, pero con el límite máximo de treinta minutos para no afectar al sueño nocturno.

3. ¿No puedes dormir de día? Da igual, pasa treinta minutos desconectado del mundo.

4. Tómate un respiro al menos cada noventa minutos para refrescar la mente y recuperar los niveles de concentración. Evita la tecnología durante esas ventanas, para no pasar noventa minutos constantemente conectado.

5. Olvida cualquier idea preconcebida en tu cultura de trabajo sobre la «vagancia» de quienes duermen de día y, en cambio, promueve una que acepte los PRC y los descansos. Si no duermes, tú te lo pierdes.

6. Usa *apps* de meditación, *mindfulness* o sujeta un objeto con valor personal para ayudarte a desconectar del entorno inmediato.

7. Si realmente no puedes escaparte, manipula tu día para no hacer nada demasiado exigente durante el bajón de la tarde.

SEIS

El kit de sueño
Reinventar la cama

Una pareja joven y ambiciosa se acaba de comprar un piso. Después de años durmiendo en lo que se encontraban en sus pisos de alquiler amueblados, van a comprarse por primera vez una cama doble y un colchón.

Han investigado un poco y han leído los consejos de distintas páginas web. Saben que tienen que gastarse todo el dinero que puedan en el colchón, porque se lo han dicho esos consejos; es una inversión, ya que uno bueno debería durar diez años. Espuma viscoelástica, resortes embolsados, gasta más en el colchón que en la cama..., creen que saben lo que hay que saber y han marcado un presupuesto.

Sin embargo, lo echan por la borda al momento al comprarse una cama doble por Internet que les ha gustado en la foto y en la que se han gastado la mitad del dinero. Pero el colchón no se puede comprar por Internet. Eso es lo que dicen los consejos. Hay que probarlo. Entran en la tienda de camas con la intención real de tumbarse en unos cuantos colchones durante cinco o diez minutos para poder hacerse una buena idea.

El vendedor los saluda mientras observa el reloj caro, la chaqueta a medida y el bolso de marca, y piensa: «Voy a enseñarles los colchones de cincuenta mil pesos».

Les muestra el colchón ortopédico de resortes embolsados más caro («una buena inversión»). «Hará maravillas por su espalda», dice el vendedor sonriente. Tiene todo tipo de bandas ajustables y miles de resortes, pero ve que ponen mala cara cuando les dice el precio, de modo que pasa a las opciones de cuarenta mil pesos y, más tarde, a las de veinte mil.

La pareja salta de una cama a otra, se tumba bocarriba un par de minutos en la que imaginan que es su postura al dormir, y usan las almohadas que les dejan. «Vamos, túmbense y pruébenlo», dice el vendedor. Ellos se tumban, ríen y cierran los ojos bajo las luces brillantes de la tienda.

Pero la diversión acaba por apagarse y hay que tomar una decisión.

—¿Cuál les ha parecido más cómodo?

—No sé. ¿Quizá el segundo? Estaba bien, era firme, pero no demasiado.

La segunda opción supera en diez mil pesos su presupuesto, pero también es la media, y les conforta saber que tiene más resortes que la más barata. «Eso tiene que querer decir algo», piensan. Se vuelven hacia el vendedor y dicen al unísono:

—Nos quedamos con este.

—Excelente elección —dice el vendedor radiante.

La pareja sale de la tienda después de gastarse diez mil pesos más de lo que habían previsto. Tienen un colchón doble y se sienten agradecidos por no tener que volver a repetir el proceso hasta dentro de diez años.

¿Pero han tomado la decisión correcta?

Comprar el colchón a ciegas

¿Se te ocurre otra compra que implique tanto dinero a la que vayamos tan a ciegas? ¿Comprarías un coche solo siguiendo algunos consejos de una pieza de relleno del periódico o los que te proporcionara el vendedor? Vas a pasar un tercio de tu vida ahí.

Pero millones de personas hacen exactamente eso cada año. Entran a ciegas en una tienda, se echan en brazos del vendedor y la mayoría de las veces se van de allí con algo que cumplirá con su función, pero que difícilmente les cambiará la vida. Ni siquiera sabrán si han elegido bien o no, porque no saben lo que está bien y lo que no.

Compramos camas y colchones rara vez, nos dicen que unos buenos deberían durar diez años, de modo que pocos de nosotros tenemos información actualizada al respecto. ¿Por qué la íbamos a tener? Las camas se eligen por su aspecto y los colchones solo son algo que damos por supuesto.

Cuando hay que comprar uno nuevo, hacemos una somera investigación en línea, donde encontramos un montón de consejos contradictorios y que suelen reducirse a «hay que comprarse un buen colchón», sin llegar siquiera al meollo de lo que esto significa en realidad, y proporcionan a la gente todo tipo de ideas sobre cuánto deberían gastarse y cuánto debería durarles.

Mientras tanto, los fabricantes y vendedores de camas saben muy bien lo que sucede. Sé de lo que hablo, trabajé en la industria y, de hecho, sigo trabajando en ella, ya que fabrico colchones y ropa de cama, así como kits de sueño para atletas.

Lo primero que hay que saber sobre la industria de las camas es que apenas hay regulación. Yo podría fabricar un colchón con resortes tan tensos que un elefante pudiera dormir encima, añadir unas capas de espuma de alta densidad para hacerlo aún más firme, cubrirlo de una tela atractiva y aparentemente médica con una etiqueta que dijera «ortopédico», ponerlo a la venta y nadie podría detenerme. ¿Acaso soy médico u osteópata? ¿He sometido el colchón a una serie de pruebas para determinar sus propiedades ortopédicas? Lo único que he hecho es fabricar el colchón más duro posible y nadie puede impedirme afirmar que tiene cualidades beneficiosas.

También puedo asegurarme de que tiene 2000 resortes, porque mi competencia los fabrica de 1500, y 2000 suena mejor que 1500. Esto se acaba convirtiendo en una escalada de poder, con los fabricantes haciendo los resortes más pequeños para que quepan más. Así no se comparan manzanas con manzanas, pero muy pocos nos hacemos estas preguntas. ¿Y qué pasa si tú solo necesitas cincuenta resortes? A menos que podamos comparar el número con algo, ¿de qué sirve? La joven pareja no se detuvo a preguntar sobre los datos que les proporcionaron; sencillamente se limitaron a asumir que más era mejor. Tampoco se pararon a leer la letra pequeña. Dos mil resortes suele ser el número de los colchones *king size* (180 cm de ancho), y este número desciende en proporción al tamaño. Esto no suele quedar claro en las tiendas.

Las cosas han mejorado en el mundo del deporte, pero hay algo que sigue estando claro: no mandes nunca a un atleta a comprar su colchón. Sería como mandar a un jugador de futbol de primera división a una tienda de material deportivo rebajado a comprar sus botas de futbol. O bien van armados con el conocimiento necesario o bien los acompaño (o bien les fabrico su propio producto).

Gary Pallister fue el jugador con problemas de espalda a quien ayudé en el Manchester United cuando empecé a colaborar con el club. Era un defensa veterano, pero los años jugando al más alto nivel estaban empezando a pasarle factura. Padecía de mucho dolor y tensión en la zona lumbar, pero una operación de columna, incluso con las técnicas actuales, siempre es la última opción.

En lugar de eso, le trataban como si fuera a romperse. Dave Fevre, el fisioterapeuta jefe del club, hacía largas sesiones con Gary a diario, y su entrenamiento se había reducido al mínimo. Se estaba incluso considerando cambiar algunos asientos del banquillo para instalar un asiento especial con sujeción lumbar.

A mi llegada, observamos qué estaba haciendo fuera del club en términos de «deshabilitación en lugar de rehabilitación» de su problema, en palabras de Dave. Entre otras cosas, el colchón de Gary no era bueno para su postura y estaba empeorando su dolencia. Poco después de cambiarlo, Dave empezó a notar que Gary necesitaba menos tratamientos. No se había curado, ni por asomo, pero ya no estaba empeorando la lesión, y el club no tuvo que remodelar totalmente el banquillo.

Si un deportista de élite entra en una tienda y el vendedor le reconoce, irán al reino más allá del que ha visitado la joven pareja al inicio del capítulo, al fondo de la tienda, donde están los colchones más caros de todos. En un colchón se pueden gastar miles y miles de pesos, pero no será en la búsqueda del mejor. Será porque el vendedor quiere vender el más caro, con la mejor jerga de *marketing*.

¿Una solución para todos? (de nuevo)

Anteriormente en este libro hemos hablado de la idea de las ocho horas de sueño cada noche y la falacia de aplicar al sueño una mentalidad de talla única. La misma lógica que aplica a la cantidad de horas que hay que dormir se extiende a la superficie donde lo harás.

LeBron James es un jugador profesional de baloncesto estadounidense. Mide 2,03 metros, es muy corpulento y pesa 113 kilogramos. No tiene lógica pensar que el mejor colchón para él sería el mismo que el de la ciclista británica Laura Trott, cuatro veces campeona olímpica, que mide 1,63 metros y pesa alrededor de 52 kilogramos.

La industria del colchón no tiene en cuenta los perfiles corporales. Ningún vendedor te observará de arriba abajo y te mostrará cuál es el tamaño adecuado para ti. Algunas marcas ofrecen una variedad de colchones con distintos grados de firmeza, pero podrías salir de la tienda con cualquiera de ellos, fuera o no el correcto. Algunas de las marcas más nuevas y conocidas, con buenas estrategias de *marketing*, solo fabrican un tipo de colchón. Un colchón para todo el mundo, sea cual sea su tamaño o peso. ¿Funciona?

Esto no es así cuando compras calzado o ropa. Compras tu talla. ¿Por qué tendría que ser distinto con el colchón? Como sucede con las tallas pequeña, mediana y grande, existen tres tipos de cuerpo con los tipos extrapequeños y extragrandes en los extremos:

El *ectomorfo* es esbelto, con caderas y pelvis estrechas y piernas y brazos largos. Suelen tener menos grasa y masa muscular que los otros tipos. Sir Bradley Wiggins y Mo Farah son buenos ejemplos de este tipo de cuerpo, como lo son muchos ciclistas profesionales. Como ejemplos femeninos podemos elegir entre Kate Moss, Cara Delevingne o la actriz Joanna Lumley.

El *mesomorfo* es un tamaño de cuerpo mediano, con huesos gruesos y músculos, un pecho bien definido y hombros más anchos que las caderas. Muchos atletas profesionales encajan en este tipo, con los tenistas Rafa Nadal o Björn Borg como buenos ejemplos masculinos y la heptatleta británica Jessica Ennis como femenino.

El *endomorfo* es corpulento con hombros y caderas anchos. Piensa en las cómicas Dawn French y Miranda Hart o la cantante Adele en el caso de las chicas; y en los actores de Hollywood Russell Crowe y Seth Rogen o los boxeadores Anthony Joshua y Muhammad Ali para los chicos.

Naturalmente, existen mezclas, es una escala proporcional, y hay personas que son *meso* y *ecto* y otras que son *endo-meso*. Puedes ser alto o bajo, tener sobrepeso o peso bajo y aun así cumplir con las características de tu tipo. Las características de hombres y mujeres también difieren.

Tiene sentido pensar que incluso dos personas con la misma altura pero distintos tipos físicos tendrán necesidades diferentes en lo relativo a la superficie para dormir. Sus colchones necesitarán ser distintos para proporcionar el nivel de comodidad requerido. Las parejas también complican las cosas y, cuando existen diferencias de tipo corporal, hay que fijarse en el dominante (de modo que, en una pareja de *meso* y *endo,* domina el *endo* y en una de *ecto* y *meso*, el *meso*).

Pero antes de apresurarte a comprobar tu tipo corporal, existe un método mucho más sencillo con el que no te puedes equivocar y que te garantiza comprar el colchón correcto. Y todo empieza asegurándote de que duermes en la posición correcta.

Cómo dormir

Hasta ahora hemos observado la preparación antes y después de dormir, la organización del tiempo en la cama según los ciclos de sueño y cómo compensar las noches que dormimos menos. Hemos observado qué hacer alrededor del sueño, pero hemos dado por hecho que, una vez acostados, sabemos cómo dormir.

Igual que el tipo corporal, existen tres posturas básicas para dormir, conocidas por todos: bocarriba, bocabajo y de lado. Una vez más, estas tres posturas no son excluyentes entre sí. Puedes hacer todo tipo de contorsionismos con las extremidades mientras duermes, y un montañero se preguntará en qué categoría entra «colgando de un saco sobre un precipicio». Pero para quienes nos acostamos existen tres posturas principales.

Dormir bocarriba es una opción popular, con el beneficio postural de mantener cuello y espalda alineados (suponiendo que la almohada no esté interfiriendo), pero hace que relajemos la garganta y las vías respiratorias se estrechen. La British Snoring & Sleep Apnoea Association (Asociación Británica de los Ronquidos y la Apnea del Sueño) afirma que: «Las personas que duermen en posición supina (bocarriba) son más propensas a roncar o tienen más apnea que quienes duermen en posición lateral». Estos son factores que van a interferir en el sueño: pueden sacarnos totalmente de un ciclo de sueño o condenarnos a una noche entera de sueño ligero. Y pueden hacerle lo mismo a nuestra pareja, si la tenemos, por no mencionar el resentimiento y los estragos que va a causar a nuestra relación. Tumbarnos bocarriba también nos deja expuestos y mantiene el cerebro en estado de alerta.

Dormir bocabajo puede ayudarnos con los ronquidos, pero causa sus propios problemas. Quienes duermen sobre su estómago retuercen la columna vertebral en una posición no natural y, a no ser que duerman con el rostro sobre la almohada, lo que puede ser un agravante en sí mismo, su cuello también queda retorcido. Dolor lumbar, dolor cervical y todo tipo de problemas posturales pueden ser consecuencia de dormir bocabajo. Es más, pueden empeorar los problemas posturales causados por estar todo el día sentados ante la computadora y con la cabeza baja en dirección a nuestros teléfonos inteligentes y otros dispositivos; y todo esto se suma a los problemas de cuello y columna vertebral.

Dormir de lado es la única postura que yo recomiendo, pero puede que no sea el lado del que duermes ahora. Cuando los atletas con los que trabajo se acuestan, se ponen en posición fetal sobre su lado no dominante, porque es el lado que menos usan y, por lo tanto, el menos sensible. En otras palabras, si eres diestro, duerme del lado izquierdo, y viceversa. Si eres ambidiestro de verdad, piensa en qué lado usarías de forma instintiva para defenderte.

La posición fetal implica una pequeña flexión de rodillas mientras doblamos un poco los brazos frente al pecho. La postura debería formar una suave línea desde el cuello hasta el final de la columna vertebral. Esta es la postura que quieres mantener el mayor tiempo posible durante la noche. (Por supuesto, durante las horas de sueño, te moverás, pero tu colchón debería permitirte mantener esta posición durante periodos más largos).

Tu columna vertebral y tu cuello se encuentran en una posición natural que no causa problemas posturales. Se reduce la probabilidad de roncar o de apnea. Al cerebro le gusta esta posición porque siente que el cuerpo está a salvo, el brazo y la pierna dominantes están protegiendo el corazón y otros órganos, además de los genitales.

Cuando me dediqué a viajar por Europa, alguna vez me tocó dormir en una estación de tren porque había perdido el último y no tenía otro sitio adónde ir. Me tumbaba en el suelo, un colchón especialmente firme, con la mochila como almohada y mis objetos de valor en el bolsillo interior de la chaqueta protegidos por mi brazo dominante. Si alguien intentaba robarme, podría defenderme con mi lado más fuerte. Este tipo de seguridad, que nos permite dormirnos en un entorno expuesto y potencialmente problemático, es bienvenida incluso en la seguridad de nuestro hogar, para que nuestro cerebro se sienta lo bastante a salvo como para poner a nuestro cuerpo en el estado de casi parálisis del REM y el sueño profundo.

He leído algunos supuestos estudios psicológicos que pontifican que la postura en la que duermes dice algo sobre tu personalidad, pero lo único que dice de ti el hecho de adoptar mi posición de sueño recomendada es que te tomas en serio la recuperación física y mental.

La comprobación del colchón

Ahora puedes llevar a cabo la comprobación del colchón, que sirve tanto para tu colchón actual como para cuando pruebas uno nuevo. Esto es exactamente lo que debería haber hecho la joven pareja en la tienda de camas al principio del capítulo.

Va bien hacer la comprobación con la pareja o un amigo, pero también puedes usar la cámara del teléfono. En casa, ponte de pie en una buena postura erguida con los brazos plegados con suavidad. Dobla las rodillas, es decir, haz una sentadilla, hasta alcanzar una postura cómoda y equilibrada. Esto es tu posición fetal de pie.

Adopta esta postura en el suelo, tumbado sobre tu lado no dominante, y mantenla un momento. Tu pareja o amigo se tiene que fijar en la distancia entre la cabeza y el suelo, o puedes tomarte una *selfie* para verlo, aunque tú lo notarás en el cuello (las almohadas suelen llenar ese hueco). Mientras estés tumbado, con la postura alineada y la presión sobre el hombro y la cadera en esta superficie poco amable, sentirás la necesidad de moverte y reajustarte, algo que sucede cuando dormimos, especialmente sobre superficies demasiado firmes, o, sencillamente, la superficie nos molestará más en músculos y articulaciones sensibles. Podrías dormir en el suelo, seguramente acabarías bocarriba, pero estarías sacrificando la calidad de la recuperación.

Ahora adopta esta postura en el colchón que estés comprobando. Si es el colchón de casa, deshaz la cama, almohadas incluidas, de modo que solo quede el colchón; en una tienda, normalmente se prueban los colchones desnudos, pero aparta las sábanas si no es el caso. Una vez en posición, vuelve a pedir a tu pareja o amigo que observe el espacio entre la cabeza y la superficie, o tomarte otra *selfie*.

Si hay un espacio claro de seis centímetros (más o menos el ancho de dos manos planas una sobre otra) o más entre la cabeza y el colchón cuando cabeza, cuello y columna están alineados, y la cabeza queda colgando sobre la superficie, como pasaba en el suelo, entonces el colchón es demasiado firme. No te ofrecerá gran cosa en cuanto a comodidad y alineamiento postural. Si la cadera se hunde en el colchón y queda sin alinear, y la cabeza se eleva a causa del colchón, entonces es demasiado blando. La superficie correcta debería aceptar bien la forma del cuerpo y el peso, distribuyéndolo de manera equilibrada y proporcionando una línea postural recta, como la del diagrama.

Si estás probando un colchón en una tienda de camas y no hace esto, prueba otro. Da igual de qué esté hecho o lo que cueste, si tu colchón de casa no hace esto ha llegado el momento de pensar en cambiarlo. Pero no te desesperes si no puedes permitírtelo, puedes tomar medidas más económicas.

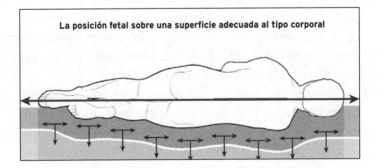

La posición fetal sobre una superficie adecuada al tipo corporal

Un colchoncillo adecuado encima de la cama proporciona una extensión del colchón que le permite adaptarse mejor a las necesidades del cuerpo al dormir. Puedes añadir un sobrecolchón, que es básicamente una almohada del mismo tamaño que el colchón, para mejorar la comodidad y proteger músculos y articulaciones sensibles. También puedes conseguir eso con un edredón que ya no uses, cubriéndolo con la sábana.

Sin embargo, muchos de nosotros ya compensamos el colchón erróneo cada noche con el uso de algo que, tal y como sugiere el diagrama, no necesitamos.

Hablemos de almohadas

Cuando vas a comprar zapatos, buscas el modelo que te gusta y pides tu talla. Si está agotada, aún te queda una opción. No puedes comprarte unos más pequeños, porque te harían daño al andar, pero puedes pedir una talla más y añadirle una cuña.

Las almohadas son las cuñas de los colchones que no encajan. Las usamos para rellenar el hueco entre la cabeza y la superficie cuando el colchón es demasiado firme; y cuando es demasiado blando, empujan nuestra cabeza aún más lejos de su alineamiento y pueden causar problemas posturales. Si duermes con dos o tres almohadas, o bien tienes un colchón muy firme o bien estás acumulando problemas.

Se pueden encontrar almohadas de espuma viscoelástica, de plumas, de todo tipo de poliéster, antirronquidos e incluso esas tan queridas por la industria de las camas: ortopédicas. Algunas tienen telas y rellenos magníficamente exóticos

(¡plumas de ganso de Siberia!), otras contienen fibras muy básicas y elaboradas por humanos. Pero todas tienen más o menos el mismo aspecto una vez les pones la funda. Da igual lo que asegure el fabricante o lo que cuesten, todas hacen lo mismo: compensar el colchón.

Si tenemos la superficie de sueño correcta, la almohada es casi superflua. Pero son una costumbre difícil de quitar. Nos gustan las almohadas, estamos acostumbrados a ellas. Nos gusta agarrarlas por las noches. Nos gusta recolocarlas y ahuecarlas antes de meternos en la cama y nos encanta pelearnos con ellas y someterlas cuando nos cuesta dormirnos. De modo que una única almohada finita está bien, y se comprimirá para encajar sobre el colchón adecuado. Y mucho mejor una ganga de poliéster que se adapte que una carísima almohada «ortopédica» para el cuello que nos causará problemas.

A lo grande

La joven pareja cometió muchos errores al elegir el colchón, pero el primero fue antes incluso de pisar la tienda, al decidirse por una cama doble.

Para la mayoría de nosotros, nuestra primera cama, de niños, es una cama individual estándar de 90 centímetros de ancho por 1,90 o 2 metros. Puede que sigamos en ella durante toda la adolescencia y los primeros años de la edad adulta, pero normalmente al independizarnos pasamos a una cama doble.

Una cama doble es una cama de 1,35 o 1,40 metros. No hay que ser matemático para darse cuenta de que de «doble» no tiene nada. Después de pasar la mayor parte de tu vida en una cama individual con mucho espacio, ¿qué efecto tendrá una persona extra, pero con solo un cincuenta por ciento más de espacio? ¿Crees que podrás mantener la calidad de sueño?

A pesar de lo que digan las etiquetas, los vendedores de camas solo venden una cama doble de verdad. Se llama *super king*, denominada así para que suene a compra decadente, y mide 1,80 metros, exactamente el doble de ancho que una cama individual. Si te tomas el sueño y tus relaciones en serio, y tienes espacio, este es el tamaño de colchón mínimo que deberías considerar. Una *super king* son dos espacios de sueño individuales, uno al lado del otro; una «doble» es una cama para una sola persona.

Si tienes espacio para una *super king*, pero eso implica deshacerte de las mesillas de noche, no lo dudes. Esto es más importante. Si el problema es la cama y no puedes permitirte cambiarla, tampoco lo dudes, pon el nuevo colchón en el suelo. La joven pareja se gastó el cincuenta por ciento de su presupuesto inicial en la cama. La mayoría de las veces se recomienda gastar más en el colchón que en la cama, pero también te puedes gastar el cien por cien en el colchón. Yo ni siquiera fabrico camas; yo solo produzco superficies de descanso. La cama es sobre todo una decisión decorativa, para que la habitación esté bonita. Siempre que la superficie en la que pongas el colchón sea firme y esté nivelada, da igual lo que sea. Puedes usar palés de madera, que están de moda, tienen un *look* industrial y son baratos, o el suelo. De hecho, muchos atletas prefieren dormir con su kit de sueño en el suelo, porque se está más fresco (el calor sube).

Cuanto menos espacio tengamos en la cama, más probable es que molestemos a nuestra pareja. Una pierna o brazo suelto que nos toca, la pareja que se da la vuelta y toquetea la almohada a nuestro lado, su respiración cercana, todo esto puede sacarnos de un ciclo y evitar que alcancemos el sueño profundo que nuestro cuerpo y mente merecen.

Hacer un kit de sueño

En 2009, Shane Sutton, el entrenador jefe del equipo de ciclismo británico en aquel momento, me puso en contacto con Matt Parker, el jefe de ganancias marginales. Los conocimientos académicos y clínicos sobre el sueño que habían consultado resultaron ser demasiado intrusivos y poco prácticos, de modo que trabajé estrechamente con Matt en la creación de técnicas e intervenciones que yo había establecido durante años para ver dónde se podían encontrar mejoras en la recuperación. A continuación, presenté nuestra redefinición de la recuperación física y mental a sir Dave Brailsford y su amplio equipo de los mejores entrenadores y profesionales de la ciencia deportiva de todo el mundo. Su reacción fue sencilla: «Esto podría marcar una gran diferencia».

Era un momento emocionante para introducirse en el ciclismo. La gran inversión de Sky en el ciclismo británico les permitió lanzar un equipo profesional, fichar a algunos de los mejores corredores, incluido sir Bradley Wiggins, con la ambición de poner a un ciclista británico en lo alto del pódium del Tour de Francia.

Para ello, el equipo se estaba fijando en todo: desde las cosas obvias como las bicicletas, la preparación física o la táctica, a las menos, como la psicología, evitar los virus (no tiene sentido enfrentarse al agotador Tour de Francia tosiendo) y, por supuesto, el sueño. Todo como parte de su «suma de ganancias marginales», con la que intentaban mejorar cada uno de los componentes implicados en el deporte, aunque solo fuera un uno por ciento, de modo que al sumarse la mejora resultara significativa.

Mostré los indicadores clave de la recuperación mediante el sueño y les enseñé no solo a los ciclistas, sino a todos los miembros del equipo la importancia de dormir en ciclos, usar descansos de recuperación y cómo mantener este entorno en casa. Les enseñé el programa R90. Pero sabía que podía hacer más.

La clave de este método en otros campos era la regularidad. Los corredores seguían siempre el mismo plan nutricional, corrían con la misma bicicleta y llevaban el mismo equipo, pero dormían cada noche en habitaciones de hotel distintas y en camas distintas cuando estaban en una carrera. De modo que diseñé y fabriqué el kit de sueño R90 para que los corredores pudieran dormir cada noche sobre la misma superficie diseñada a medida.

El kit de sueño es básicamente una cama individual portátil. Está compuesta por dos o tres capas, dependiendo del corredor, de espuma viscoelástica, básicamente dos o tres colchoncillos, con un sobrecolchón encima. Esto se envuelve en una funda lavable a máquina y se combina con una almohada fina, un edredón y ropa de cama. Todo esto se guarda en una mochila especialmente diseñada para que se pueda doblar, cerrar una cremallera y transportarse en cuestión de segundos. Cuando hay que volver a usarlo, solo hay que llevarlo a la habitación, abrir la cremallera y ponerlo donde haga falta, ya sea sobre la estructura de la cama, después de quitar el colchón o directamente sobre el suelo. Listo para usar. Para los corredores fue una revelación. Significaba que podían tener los kits de sueño en casa, acostumbrarse a dormir en ellos tal y como yo les había enseñado y después los llevábamos en el autobús de Sky. De modo que cuando los corredores se retiraban a sus habitaciones después de un largo día sobre el sillín, sabían lo que les esperaba: el equipo de apoyo ya había desplegado sus kits de sueño. Los conocían, porque habían dormido en ellos durante semanas. Al irse por la mañana, el equipo volvía para recogerlos y llevárselos, y los corredores sabían que dormirían exactamente en la misma superficie la noche siguiente. Había quien miraba raro al equipo Sky al verlos llegar a los hoteles con los kits de cada corredor. Y no solo eran para los corredores, el personal del equipo que los acompañaba en el autobús también tenían sus kits. Usábamos un método vertical, buscando ganancias marginales en todos los cargos.

Durante el Tour de Francia que ganó en 2012, el colchón de Bradley Wiggins fueron básicamente un par de trozos de espuma. En los Juegos Olímpicos de Londres de 2012, sir Chris Hoy pasó de la cama y durmió en el suelo de su habitación de hotel de cinco estrellas con su kit de sueño, correctamente ajustado, claro está, a su distinta forma de cuerpo. Cuando se desplazó a la Villa Olímpica de Stratford (Londres) para competir, y ganar dos medallas de oro en el proceso, lo hizo en helicóptero y acompañado de su kit de sueño.

Estos atletas, como sus compañeros de equipo, habían puesto su cuerpo a punto, día tras día, y necesitaban lo mejor de lo mejor en términos de recuperación física y mental. Y si ellos no necesitaban un pesado colchón con miles de muelles como el que se compró la joven pareja, ¿por qué ibas a necesitarlo tú?

Crea tu propio kit de sueño

Aunque el equipo Sky, líder en su especialidad, puede comprar los materiales para hacer productos exactamente a medida para cada persona, no son los únicos a quienes proporciono kits de sueño. También trabajo con atletas no patrocinados por grandes grupos, que viven de forma modesta: corredores de BMX de entre dieciséis y dieciocho años que aspiran a las Olimpiadas de 2020, y cuyo único medio de financiación son sus padres; ciclistas amateurs y entregados que quieren la mejor recuperación a precio de aficionado y no de profesional. Estas personas también tienen que poder permitírselo.

Si seguimos los principios que guían a los atletas profesionales, podemos crear nuestro propio kit de sueño a medida. No lo llevaremos de viaje, claro está, sino que será una versión doméstica, idealmente de tamaño *super king*, con componentes conseguidos de donde queramos, según nuestro presupuesto, para proporcionarnos la mejor probabilidad de aprovechar al máximo nuestros ciclos nocturnos.

Pieza a pieza

Algunas tiendas afirman que deberíamos cambiar de colchón cada siete años; otras dicen que los suyos duran diez. Esta es la lógica que aplica nuestra joven pareja al gastar veinte mil pesos en un colchón y pensar que solo son dos mil al año. Pero yo prefiero que te gastes en la superficie sobre la que duermes dos mil pesos cada año, o cuatro mil cada dos, durante diez años a que lo hagas de una vez. Cuando era director de ventas y *marketing* en el grupo Slumberland y presidente del Consejo del Sueño del Reino Unido, formaba parte de una iniciativa empresarial orientada a animar a las personas a cambiar sus camas más a menudo. La vida media era de más de veinte años, de modo que fabricantes y tiendas se aliaron para promover el cambio cada diez.

(Sin embargo, aún hoy en día, el mensaje no está claro, porque si decimos a la gente que cambie de cama cada siete o diez años, ¿por qué hacemos garantías de por vida o de diez años? Todo está orientado a convencerte de que de lo que se trata es de gastar todo lo posible en la compra del colchón).

Piensa en lo que haces sobre el colchón. Practicas sexo, sudas durante los meses de verano. Puede que a veces comas en él cuando tienes uno de esos días de no salir de la cama o te tomas el desayuno los fines de semana; si tienes hijos, puede que se dediquen a saltar encima y causar todo tipo de líos. Hay personas que incluso permiten a sus mascotas subirse a la cama. Con todos esos fluidos corporales, pelo y células muertas a solo una sábana de distancia, ¿por qué querría nadie conservar el mismo colchón durante diez años? ¿Les toman cariño a las manchas?

No solo es el daño superficial. Los colchones se degradan con el tiempo. La magnífica y elástica superficie en la que invertiste irá desapareciendo con los años. Las propiedades se deteriorarán tras unas ocho horas de soportar el peso de tu cuerpo (y el de tu pareja, si la tienes) cada noche. Las partículas de polvo, de las que hablaremos enseguida, es probable que se establezcan a vivir.

En lugar de seguir la idea de los diez años, puedes hacerte tu propio kit de sueño pieza a pieza. Empieza con tu superficie principal. Esta puede ser tu colchón actual o puedes comprarte uno que se adapte mejor a tu tipo físico (y el de tu pareja) y que solo te cueste unos doscientos o trescientos euros, y añadirle capas para completarlo (entre cinco y ocho centímetros bastan para estas capas extras). Si tu colchón actual no se adapta a tu tipo corporal, estas capas lo mejorarán por solo una parte del precio que te costaría reemplazar el colchón. Si tienes un colchón adecuado, otra capa puede mejorarlo aún más y proporcionarte más comodidad.

Añade un sobrecolchón encima. Los kits de sueño que yo hago tienen un cubrecolchón que se puede quitar y lavar, de modo que puedes eliminar cualquier mancha a diferencia de lo que sucede con el recubrimiento fijo de la mayoría de los productos disponibles. Añade esta característica, o al menos un protector de colchón, a tu kit. Puedes crear tu propia superficie para dormir, única y a medida, a partir de elementos que tú mismo elijas, siempre que se ajusten a tu tipo físico.

Si lo creas por fases, te costará menos reemplazar partes de él cada pocos años en lugar de cada diez, porque no te habrá costado veinte mil pesos. Las manchas y la degradación natural de los materiales que hemos comentado antes no tendrán tanta importancia, porque solo afectarán a las primeras capas, que reemplazarás más a menudo.

Yo mando kits de sueño portátiles y colchoncillos de espuma a todo el mundo. La espuma viscoelástica de alta densidad que utilizo se puede enrollar y empaquetar para que los gastos de envío no se disparen y, una vez utilizado, puedan decidir no traerlo de vuelta a casa. No es precisamente algo de usar y tirar, pero, comparado con la losa de veinte mil pesos, ciertamente lo parece. El atleta puede donarlo a caridad o a una escuela local si no va a traerlo de vuelta a casa, o puede viajar con él.

La ropa de cama

Las sábanas de tu kit de sueño deberían ser hipoalergénicas; de hecho, debería serlo toda la cama, tanto si tienes alergias como si no.

Los ácaros del polvo viven en alfombras, ropa y camas; les encantan los ambientes húmedos y se alimentan de las células muertas de tu piel. No son los ácaros los que disparan las reacciones alérgicas, sino sus deposiciones. En el entorno equivocado puedes acabar tumbado durmiendo sobre una nube de estas.

Algunos profesionales del deporte tienden a respirar por la boca, especialmente cuando compiten e intentan conseguir la mayor cantidad posible de oxígeno. Los alérgenos pueden afectar a la respiración por la noche, dificultando la respiración por la nariz y provocando las complicaciones de la respiración por la boca (ronquidos, apnea, boca seca), que pueden llegar a sacarnos de un ciclo de sueño. Si duermes en una cama hipoalergénica (colchón, cubrecolchón, sábanas, edredón, funda de edredón, almohada y funda de almohada) obtienes otra ganancia marginal.

La ropa de cama de tu kit de sueño también tiene que ser transpirable para no experimentar cambios de temperatura inesperados. Tenemos que estar frescos bajo las sábanas, porque si ese ambiente se calienta demasiado puede interferir con el sueño. La ropa de cama que yo uso está diseñada con nanotecnología y utiliza microfibras de una fracción del diámetro de un cabello humano, la almohada está diseñada para mantener la cabeza fresca gracias a ese material, y los edredones son ligeros y transpirables, mientras proporcionan el imprescindible aislamiento térmico. El edredón combinado del kit de sueño portátil para atletas es como los que se pueden comprar en las tiendas, dos edredones juntos que se pueden usar para proporcionar, por ejemplo, un aislamiento térmico del 13,5 para el invierno o individualmente con aislamiento térmico de 4,5 para el verano, y aproximadamente de 9 para primavera y otoño. Si hace mucho calor, basta con usar solo la funda del edredón. Esto nos proporciona cuatro opciones para controlar la temperatura corporal, en lugar de solo un edredón para todo el año. No todos los hoteles están a la misma temperatura, y si aparece un corredor diciendo que hace un poco de calor en su habitación, podemos cambiar su edredón para compensarlo.

Las sábanas son todas blancas, lo que resulta limpio y neutro. El edredón es lo suficientemente ligero como para poder lavarlo a máquina, lo que significa que rendirá mejor. Utiliza estas ideas para tu kit en casa, porque no hay excusa para los edredones sucios y llenos de manchas que tienen muchas personas, y que se han degradado y perdido su aislamiento térmico porque nunca se han lavado o cambiado.

De hecho, la limpieza es muy beneficiosa cuando hablamos de ropa de cama. Me costó un poco reunir el valor para compartir una de mis ideas para los kits de sueño portátiles con Matt Parker y los entrenadores del equipo británico de ciclismo: asegurarnos de que todos los corredores contaran con ropa de cama limpia cada noche.

Esta idea no tiene nada demasiado científico que la sostenga. Solo sé que, cuando mi ropa de cama está limpia, me apetece acostarme. Limpia y fresca se convierte en un entorno muy acogedor, en el que me apetece entrar y que me relaja. Es algo psicológico, en él puedo desconectar inmediatamente y disfrutar de una buena noche de sueño. ¿Por qué no hacerlo todas las noches? Por suerte, Matt lo entendió enseguida, aunque eso implicara acarrear lavadoras en el autobús del equipo para lavar los kits de los ciclistas.

La ropa de cama tenía que secarse rápidamente, lo que descartaba el algodón egipcio, pero como la nuestra estaba hecha de microfibra hipoalergénica, no fue un problema. Se lavaba a baja temperatura y se secaba en minutos, y tras un largo día en las montañas, los corredores tenían sábanas limpias casi cada noche. A veces las cosas pequeñas marcan la diferencia.

Es una mejora muy fácil de hacer en nuestra vida. Deshacer la cama, lavar las sábanas y volver a hacerla cada día no es una perspectiva apetecible para nadie, pero ¿cada cuánto lavas las sábanas? Si lo haces cada dos semanas, ¿por qué no intentar reducirlo a cada semana? Limítate a reducir a la mitad el tiempo que estés empleando ahora y te beneficiarás de ello. Disfrutarás de sábanas limpias más a menudo y tu cama se convertirá en un lugar más apetecible. Además, cambiar las sábanas también es una gran rutina presueño.

Como el kit de sueño R90 está compuesto por materiales no naturales, puede que implantarlo en su casa incomode a las personas más sensibilizadas con el medio ambiente. Lo que sucede es que en el mundo del deporte lo que nos interesa son las medallas de oro y las primeras posiciones en el podio, y el medio ambiente queda en un segundo plano. No es que no nos interese cuando nos alejamos de la competición (yo tomo toda clase de medidas para reducir mi huella medioambiental, y el futuro de la ciencia y tecnología del sueño seguramente implique la creación de colchones inflables o trajes de recuperación que solo precisen de una sábana para controlar la temperatura corporal, con el destino de nuestro vulnerable planeta muy en mente).

Pero ahora, los materiales artificiales son sencillamente mejores. La nanotecnología puede hacer fibras de una fracción del tamaño de cualquier producto natural, de modo que la transpiración y la velocidad de secado es insuperable. Si no te sientes cómodo con esto, o no puedes prescindir de tu algodón egipcio, entonces apuesta por el de 300 hilos en tu kit de sueño, que es el que te ofrecerá una mejor transpiración natural. Y piensa en cambiar más a menudo las almohadas y los edredones si no apuestas por la opción hipoalergénica. Igual que el colchón, una almohada barata que se ajuste al tipo físico y se cambie a menudo es mejor que una cara y errónea que planeas que te dure años.

Meterse en la cama

Es importante ser realista sobre lo que un producto puede hacer por sí mismo. Pero seguir estas indicaciones para crear tu propio kit de sueño en casa junto con el resto del programa R90, y aplicar todas las ideas correctas a tu sueño, hará que tu recuperación cambie drásticamente.

Los efectos de los kits de sueño portátiles sobre los corredores del equipo Sky en las grandes vueltas fue espectacular. Mientras que antes te los encontrabas dando vueltas y posponiendo la hora de acostarse (quizá dándose un masaje o discutiendo tácticas), ahora se apresuraban a preparar lo que fuera necesario y se iban directos a la habitación.

Tenían la confianza de saber que, después de 200 kilómetros en las montañas y con el cuerpo agotado, podían ir arriba, meterse en el kit de sueño en posición fetal, respirar suavemente por la nariz y dejarse arrastrar por los ciclos de sueño.

Si te haces tu kit de sueño en casa ahora mismo, tú también sabrás lo que es eso. Ya no irás a ciegas, como la joven pareja de la que hablamos al inicio del capítulo. Ya no darás más vueltas para estar cómodo. No más ponerse bocarriba, bocabajo y luego de lado.

Sabrás con toda certeza que puedes meterte en la cama en posición fetal sobre tu lado no dominante, cerrar los ojos, respirar por la nariz y... dejarte llevar.

EL KIT DE SUEÑO:
SIETE PASOS PARA DORMIR MEJOR

1. Aprende a dormir en posición fetal sobre tu lado no dominante (los zurdos sobre el lado derecho y los diestros sobre el izquierdo).

2. Comprueba tu colchón y experimenta cómo es la superficie correcta para tu tipo físico. Haz lo mismo por tu pareja.

3. Adopta un método incremental: gasta 10 mil pesos dos veces cada siete años en tu superficie de sueño en lugar de 20 mil de una sola vez. Piensa en capas que se pueden lavar y reemplazar regularmente.

4. Utiliza ropa de cama hipoalergénica y transpirable, tengas o no alergias, para mantener alejados potenciales obstáculos para el sueño y regular tu temperatura.

5. El tamaño importa, compra el más grande que puedas. Un colchón *super king* es el tamaño mínimo que debería contemplar una pareja (si el espacio lo permite); una cama «doble» es una cama para una persona.

6. ¡No compres a ciegas! Utiliza el conocimiento del vendedor para saber qué hay disponible, pero aprovecha lo que has aprendido en este capítulo cuando tengas que tomar la decisión final.

7. Recuerda la proporción entre la importancia del colchón y de la cama: el colchón puede costarte hasta el cien por cien de tu presupuesto, porque la cama solo es un objeto decorativo.

SIETE

La habitación de recuperación
El entorno para el sueño

Roy Race[27] es quizá el jugador de futbol profesional más famoso del Reino Unido (en cuanto a personajes de cómic se refiere). Así que cuando los Melchester Rovers me pidieron ir a hablar con el equipo sobre el sueño, y Roy me pidió entonces que fuera a su casa a echar una ojeada a su entorno para el sueño, estuve encantado de ayudar. ¿Quién podría decir que no a Roy, de los Rovers?

La de Roy es la típica mansión de un futbolista: suficiente seguridad y cámaras como para dejar Fort Knox en ridículo, el deportivo aparcado en la puerta, una gran entrada con muchas habitaciones ideadas por decoradores de interiores, con muebles a medida e inversiones en arte, televisores de pantalla plana de última generación y equipos de audio en todas las habitaciones, y tecnología futurista por todas partes.

---

[27] Roy Race es un personaje de cómic, futbolista, muy conocido en el Reino Unido [*Nota de la traductora*].

Un observador casual podría censurarlo, pero yo opino que los mejores jugadores de futbol ganan mucho dinero y tienen que soportar muchas intrusiones y presión, así que, ¿por qué no iban a disfrutar de él?

Voy directo al grano y le pido a Roy que me enseñe su habitación. Los futbolistas suelen hablar del vestidor como de su santuario; ¿dónde deja eso al dormitorio? Las personas que me permiten ver el suyo me están pidiendo de verdad que juzgue el entorno en el que pasan sus momentos más vulnerables (el sueño) y normalmente también los más íntimos (con sus parejas).

Es obvio que lo acaban de limpiar. Nadie quiere ofrecer una mala impresión (por ejemplo, que se vea ropa interior por el suelo o la cama sin hacer), de modo que yo nunca veo el entorno exactamente como está cada día, pero tengo más que suficiente para formarme una opinión.

Detecto automáticamente el enorme televisor panorámico a los pies de la cama, que, solo pulsando un botón, se desplaza y se eleva, con unos impresionantes altavoces envolventes para tener en tu propia cama una experiencia como en el cine. «Deberías ver *Fast and Furious* aquí», dice Roy riendo.

También hay una consola, y el resto de la habitación está llena de otros artefactos tecnológicos. Hay puntos de carga de teléfonos inteligentes y *laptops* y tabletas por todas partes, con una impresionante fila de indicadores de reposo que iluminan la habitación. Veo que hay un dispensador de agua filtrada al lado de la cama y, en cuanto a esta, es lo suficientemente grande (hecha a medida, a un tamaño que hace parecer enana la *super king*) para Roy y su mujer, que es modelo y una ectomorfa de manual, frente al clásico perfil mesomorfo de Roy. Compruebo el colchón, un caro bloque lleno de resortes y crin de caballo, y el edredón, de plumas de ganso de Siberia, que los asarán perfectamente durante la noche.

Y hablando de esto, en esta habitación hace calor, así que compruebo la temperatura en el control electrónico de la pared, que muestra unos impresionantes 25 grados centígrados.

—¿Está siempre a esta temperatura? —pregunto.

—Oh, sí —dice Roy—. A mi mujer le gusta estar calentita por las noches.

Hay una montaña de almohadas ahuecadas en la cabecera de la cama. Las persianas de las ventanas activadas por control remoto parecen buenas, pero dejan pasar un poco de luz cuando se cierran. Las paredes son sólidas y, con las ventanas dobles cerradas, tiene un impresionante aislamiento acústico. Compruebo las puertas de la habitación y del baño en la suite, y me doy cuenta de que dejan pasar la luz por debajo.

Me fijo en la combinación de colores de moda, con grandes piezas de arte en tonos llamativos adornando las paredes junto a recuerdos de su carrera futbolística, cuando la señora Race saca la cabeza por la puerta:

—¿Gustan algo de beber? —pregunta.

Observar un poco el resto de la casa, para hacerse una mejor idea del estilo de vida de la persona fuera de la habitación siempre es una buena idea, pero no siempre es fácil pedirlo sin parecer entrometido. Pero aceptaremos la invitación si se presenta, claro está.

Sigo a los Race fuera del dormitorio hasta su cocina de última generación que contiene todos los electrodomésticos imaginables, incluida una máquina de café de alta gama.

—Menuda belleza —digo.

—Me gusta tomar un *espresso* doble por las mañanas antes de ir a entrenar —dice Roy—. Me pone a tono para el día. ¿Te apetece uno?

Pienso en los suplementos y chicles de cafeína que consume en el club, además de ese café:

—Para mí uno sencillo, por favor, Roy.

El santuario

Roy Race no es ninguna excepción entre los futbolistas, y, para no reducirlo a jugadores de nivel internacional, diré que tampoco es ninguna excepción en general.

Aunque los futbolistas de la Premier League tienen todo el dinero del mundo para sabotear su sueño con un dormitorio así, lo cierto es que la causa no es ese exceso. Podría haber ido a la casa pareada de un atleta olímpico y ver cómo se complica el sueño de forma más modesta: la luz de reposo del televisor pequeño; el cargador del teléfono inteligente en el enchufe al lado de la cama; las persianas endebles y transparentes; la botella de agua en la mesilla de noche; la estantería llena de *thrillers* y clásicos del terror.

Quizá te preguntes cómo pueden estos factores afectar al sueño, pero si observamos tu dormitorio y lo comparamos con la isla del capítulo 1, con nosotros dos sentados alrededor del fuego, veremos lo lejos que nos encontramos de nuestro sueño ideal.

Antes, el dormitorio hacía lo que se suponía que tenía que hacer: contenía una cama, algún mueble, como un armario, cajones, una mesilla de noche y tal vez un tocador. Los niños guardaban en él los juguetes y en algunos se veían libros, también había despertadores y lámparas, claro está. La tecnología cambió las cosas, primero con los televisores en el dormitorio y hoy en día con multitud de dispositivos que nos permiten ver películas, escuchar música, interactuar con las redes sociales o jugar a videojuegos desde la comodidad de nuestros kits de sueño. El dormitorio se ha convertido en otro salón, en lugar de un sitio para dormir.

Para algunos esto es sencillamente un hecho. Los adolescentes siempre han convertido sus dormitorios en santuarios, sin padres, en los que se pueden dedicar a sus cosas (y, con suerte, a hacer los deberes). Los estudiantes universitarios que viven en residencias y pisos compartidos tienen que apañarse con una sola habitación para estudiar, dormir y pasar el rato. De hecho, para muchos veinteañeros y treintañeros tiene sentido a nivel económico compartir piso mientras sus carreras despegan. Pero lo que vemos actualmente es que esto se mantiene para algunos hasta los cuarenta y más. Son personas con buenos ingresos y carreras, pero que ven cómo los precios del mercado de compra y alquiler, especialmente en ciudades como Londres y Nueva York, se han disparado y están fuera de control.

Con el enfoque de ganancias marginales, tenemos que intentar apartar cuantos obstáculos potenciales podamos a medida que nos acercamos al estado de sueño. Si no podemos apartarlos, Roy Race no va a renunciar de repente a ver *Fast and Furious* en su cama; entonces tenemos que aprender, al menos, a controlar su impacto.

Ya hemos hablado de la mayoría de los elementos importantes del dormitorio, el kit de sueño, pero tener eso no va a servir de nada si el entorno está mal. Nuestros dormitorios tienen que convertirse en el santuario del sueño, una sala de recuperación física y mental, si queremos obtener el máximo beneficio del programa R90.

Quita lo superfluo

Cuando viajé con la selección inglesa de futbol a la Eurocopa 2004 en Portugal, lo hice a sabiendas de que podía influir más en sus habitaciones de hotel que en sus casas.

El equipo iba a estar en el mismo hotel durante todo el campeonato, de modo que no se tendrían que mover (no habría que planificar y ajustar un entorno nuevo cada noche, como haría años después con el equipo de ciclismo). Fue una gran oportunidad para tener un entorno controlado y estable para la recuperación de los jugadores: el entrenador, Sven-Göran Eriksson, y Leif Sward, el médico, estuvieron de acuerdo, de modo que yo fui antes a Lisboa para preparar las cosas.

Llevamos nuestras propias «camas», de lo cual la prensa informó con cierto regocijo (de hecho, era una primera versión de mi kit de sueño, unos colchoncillos viscoelásticos hechos a medida, que no eran tan fáciles de encontrar como hoy en día), y usamos las habitaciones de hotel como lienzos en blanco en los que crear el entorno de sueño perfecto para los jugadores.

Por supuesto, mientras yo me ocupaba de las habitaciones, la asociación de futbol hizo todo lo posible por garantizar la privacidad de quienes iban a dormir en ellas. Ese equipo de Inglaterra en concreto estaba lleno de estrellas, con gente como David Beckham, Steven Gerrard y un joven Wayne Rooney, e incluso el propio Sven era carne de tabloide. De modo que encargaron abetos de nueve metros y los plantaron alrededor del perímetro para evitar que los *paparazzi* hicieran fotografías.

Junto a las camas nuevas y los enormes árboles llegaron máquinas de *vending*, cocineros y todo tipo de comida para cubrir las necesidades nutricionales. Nunca había visto nada igual, ni tampoco la gente del hotel. Se hablaba mucho de aquel sitio. Aquel grupo de jugadores, además de estar lleno de estrellas, tenía posibilidades reales de hacerlo bien en el campeonato. Poder controlar su entorno de sueño era una ganancia marginal que podía llevarse a cabo.

Hoy en día, los clubes de futbol se toman esta idea muy en serio. En el Real Madrid, cada uno de los jugadores tiene un apartamento de lujo en un bloque en sus instalaciones de entrenamiento. Esas habitaciones solo se abren con la huella dactilar del jugador y están equipadas con baños, camas y televisores de alta gama. El Manchester City adoptó una idea similar en su complejo de entrenamiento de 250 millones de euros, con habitaciones para los jugadores. No llegan al nivel de las del Real Madrid en cuanto a lujo, pero, como espero haber dejado claro hasta ahora, cuando se trata de recuperación lo importante no son las instalaciones de cinco estrellas. El Dr. Sam Erith, jefe de ciencia deportiva, me consultó sobre la recuperación en el complejo de última generación, y las habitaciones tienen todo lo necesario para permitir a los jugadores obtener la máxima recompensa del tiempo que pasen allí.

Este alojamiento proporciona muchos beneficios, ya

que permite a los jugadores, por ejemplo, descansar entre sesiones de entrenamiento, pero sobre todo permite controlar su entorno de sueño antes de un partido en casa (o fuera, si juega contra un equipo cercano, como el rival local Manchester United), y minimizar las alteraciones en días de partido. Los jugadores del Manchester City pasan la noche antes del partido en las instalaciones de la zona de entrenamiento, de modo que, al levantarse, ya están allí, listos para desayunar y prepararse para el juego. No tienen que desplazarse al campo de entrenamiento y no hay peligro de que lleguen tarde. No es una habitación de hotel, así que no hay que preocuparse por el efecto que el equipo del hotel u otros huéspedes pueden tener sobre el entorno: todo está bajo el control del club.

También son útiles después de un partido en casa. Implican que, cuando acaba el partido, después de que los jugadores hayan atendido a la prensa, se hayan duchado, cambiado y realizado el pospartido con el equipo, ya sea hablar con el entrenador o recibir un masaje, no tienen que conducir de vuelta a casa en plena noche, cansados y viendo que van a tener menos ciclos de sueño. Pueden irse directamente a su habitación en la zona de entrenamiento, hacer su rutina presueño y recuperarse allí.

Podemos reproducir la experiencia del Manchester City o el Real Madrid en casa. Aunque la tecnología de las huellas dactilares queda fuera del alcance de muchos, podemos empezar con nuestro lienzo en blanco. Esto implica vaciar totalmente el dormitorio. Puedes hacerlo literalmente, pero hacerlo mentalmente también funciona.

La cáscara vacía

Esta habitación vacía ya no es un dormitorio ni una extensión del salón. A partir de ahora es tu habitación de recuperación física y mental.

Mi primer consejo sería que la pintes de blanco y que no pongas nada en las paredes. No queremos el estímulo potencial que podría proporcionar una combinación llamativa de colores o cuadros en la habitación, solo un color simple, neutro y limpio.

Después pasemos a observar uno de los principales estímulos para los ritmos circadianos que tenemos en la habitación, la luz, mediante las cortinas o persianas. Producimos melatonina en la oscuridad, de modo que necesitamos que en nuestra habitación de recuperación no entre luz ambiental, por ejemplo, de la calle. La oscuridad total es el método más efectivo, los antifaces, que pueden ser incómodos e interferir con el sueño, no son ideales. Si las cortinas o persianas dejan pasar luz por los bordes, o son endebles y transparentes, es buena idea cambiarlas. Las persianas enrollables y plegables son relativamente baratas, y existen opciones incluso más económicas: puedes cerrar las cortinas con cinta adhesiva o utilizar velcro para poner un material aislante en las ventanas por la noche. En el Tour de Francia solíamos usar cinta adhesiva y bolsas de basura negras para tapar las ventanas y poder quitarlo todo fácilmente por las mañanas.

Por la mañana necesitamos luz natural, claro está, de modo que una vez te despiertes a tu hora fija es esencial abrir las cortinas o persianas inmediatamente para activar ese resorte interno y empezar a producir serotonina. Si se filtra luz durante los meses de verano, puede que acabes despertándote a las 5:00 en lugar de a tu hora fija de despertarte, por ejemplo, las 7:00. La oscuridad total ayuda a controlar esto.

Control de la temperatura

La temperatura es, después de pasar de la luz a la oscuridad, el segundo factor más importante para trabajar correctamente con nuestros ritmos circadianos y entrar en el estado de sueño. Nuestros cuerpos quieren pasar a un entorno más fresco, pero no frío, como hacíamos alrededor del fuego en el capítulo 1, de modo que mantener la habitación a unos 16-18 grados centígrados es óptimo y permitirá que suceda el proceso natural. Por supuesto, todos tenemos una sensibilidad distinta a la temperatura, 18 grados puede resultar para algunos demasiado parecido a dormir al aire libre, de modo que busca la temperatura que funcione en tu caso (y en el de tu pareja) y que sea más fresca que la del resto de la casa. Si tienes un sistema de calefacción sofisticado, puedes ajustarlo, pero para el resto es tan sencillo como abrir la ventana una hora antes de irnos a dormir o apagar el radiador del dormitorio mientras la calefacción sigue funcionando en el resto de la casa. Sea cual sea la temperatura, lo que hay que recordar es la necesidad de pasar de cálido a fresco.

Recuperar lo esencial

Lo primero que volvemos a introducir en la habitación de recuperación es, claro está, el kit de sueño. Esto, junto con un despertador concreto, del que hablaremos enseguida, son las únicas cosas realmente esenciales que necesitas en esa habitación. Cualquier otra cosa es innecesaria desde el punto de vista de la recuperación.

Si puedes, pon tu ropa, armario y cajones, todo lo que no sea esencial para dormir, en otro sitio. Sin embargo, en el mundo real la mayoría de nosotros no podemos hacer eso, y esos elementos tienen que volver a la habitación. Lo «esencial» es distinto para cada persona. Para un estudiante significa el regreso del escritorio y el espacio de trabajo, que forman parte de una actividad que es mejor mantener fuera de la habitación de recuperación en la medida de lo posible.

Si trabajas en casa y tienes el escritorio en el dormitorio, intenta trabajar en la mesa de la cocina o fuera de la habitación, si es posible, para que tu mente no asocie la habitación de recuperación con el trabajo. Si tienes estanterías llenas de novelas de acción y terror en el dormitorio, piensa en los estímulos que recibe tu mente cuando los ve justo antes de dormir. No generan asociaciones tranquilas y relajadas.

Una botella de agua parece algo muy normal e inocuo para tener en la habitación por la noche, pero ¿por qué la necesitas? Si te despiertas por la noche con la boca seca, seguramente es porque respiras por la boca y no por la nariz; si te despiertas por las noches para ir al baño, es posible que te hayas hidratado de más antes de irte a dormir. Poner una botella de agua al lado de la cama introduce en tu mente la idea de bebértela.

Lo único con lo que quieres que tu mente asocie esta habitación es con dormir.

El ataque de la tecnología

Tu habitación de recuperación necesita un despertador, idealmente un simulador de amanecer, que no sea tu teléfono. No necesitas más tecnología.

Un simulador de amanecer te despertará gradualmente con luz diurna artificial, que empezará a encenderse treinta minutos antes de que suene la alarma. Estos dispositivos no son solo para quienes padecen trastorno afectivo estacional (TAE), sino para cualquiera que quiera replicar la salida del sol y despertarse de una manera más natural. Los simuladores de amanecer pueden mejorar la alerta, el rendimiento físico y cognitivo, el humor y el bienestar.[28] En invierno, pueden marcar la diferencia entre salir del kit de sueño o apretar el botón de aplazar, y en una habitación a oscuras son la forma más efectiva de levantarse y abrir las persianas para que entre la luz natural.

Esta tecnología no tiene por qué ser cara, te basta con un modelo básico, siempre que sea de una buena marca como Philips o Lumie. Si no puedes llegar a esto, utiliza un despertador normal, siempre que puedas apagar la iluminación de

---

[28] Thompson, A., Jones, H., Gregson, W. y Atkinson, G. (mayo de 2014). Effects of dawn simulation on markers of sleep inertia and post-waking performance in humans. *European Journal of Applied Physiology*, *114*(5): 1049-56. doi: 10.1007/s00421-014-2831-z.; y Gabel, V., Maire, M., Reichert, C. F., Chellappa, S. L., Schmidt, C., Hommes, V., Viola, A. U. y Cajochen, C. (octubre de 2013). Effects of artificial dawn and morning blue light on daytime cognitive performance, wellbeing, cortisol and melatonin levels. *Chronobiology International, 30*(8): 988-97. doi: 10.3109/07420528.2013.793196.

la pantalla para que la luz no te moleste por la noche. (Si te inclinas por la versión analógica, asegúrate de que no produzca un tictac que te mantenga despierto).

La clave aquí es la luz. No tiene sentido bloquear toda la luz artificial de afuera si vas a llenar la habitación con ella. En cuanto empieces a meter televisores y dispositivos electrónicos en el dormitorio, estarás introduciendo fuentes de luz. Tu rutina presueño implica apartarte de la tecnología a medida que se acerca la hora de entrar en estado de sueño, pero si de verdad no puedes evitar ver la televisión, usar tu portátil o jugar con la consola en la cama, por favor, haz una cosa por tu recuperación cuando acabes: apaga bien el dispositivo en lugar de dejarlo en *stand by*. La luz de *stand by* es como un láser que penetra hasta tu glándula pineal e interfiere con la producción de melatonina.

Sin embargo, la peor tecnología por la noche es el teléfono inteligente. Según Ofcom (que regula las comunicaciones en el Reino Unido), cuatro de cada diez usuarios de teléfonos inteligentes afirman usarlos en la cama después de que les hayan despertado durante la noche.[29] Es más, aunque estén silenciados, la luz artificial que emiten es otro problema. Si no puedes dejar de usar el teléfono como parte de tu rutina presueño, intenta irte acostumbrando con los descansos de tecnología que hemos comentado en el capítulo 5. Al menos, puedes alejarte de él mientras estás dormido: déjalo en otra habitación, en un cajón o apágalo completamente. ¿Qué po-

---

[29] Informe *Ofcom Communications Market Report*, 2011.

drías estar perdiéndote? Ni el más ávido de los usuarios de redes sociales puede conectarse a ellas dormido.

¡Limpieza!

Los ciclistas profesionales son muy sensibles, me refiero a sensibles a su entorno. Tienen que serlo, teniendo en cuenta lo perjudicial que puede ser para su rendimiento ser víctimas de un virus o bacteria. Antes de que llegaran al hotel cada noche, entrábamos en sus habitaciones y poníamos un filtro HEPA (filtro de aire de alta eficiencia, por sus siglas en inglés) para eliminar cualquier partícula no deseada del aire, y después pasábamos la aspiradora y usábamos productos antibacterias para limpiar todas las superficies, con especial atención a los rincones que las limpiadoras del hotel podían no haber alcanzado. Como ya he dicho, el mundo de las grandes vueltas está lleno de glamur.

Aunque no tienes que llegar a estos niveles de obsesión, vale la pena mantener tu habitación de recuperación limpia. ¿A quién no le gusta respirar aire limpio? Por un lado, está la tranquilidad subconsciente, como pasa con las sábanas limpias, de que vas a dormir en un entorno limpio. Los ácaros del polvo viven en las alfombras además de en la ropa de cama, de modo que, si tienes alergias, un filtro HEPA que no emita sonido ni luz puede ser una buena inversión para alcanzar las fases de sueño profundo cada noche.

También es preferible un entorno libre de trastos. Hay quien dice: «Si una mesa ordenada es señal de una mente ordenada, ¿qué pasa con las mesas vacías?». Pero una mente vacía, después de descargar tus pensamientos en la rutina presueño, es bienvenida antes de empezar a dormir. Ropa por el suelo y cosas apiladas en las superficies pueden proporcionar estímulos a la mente, aunque, para algunas personas, el orden implica algunas piezas de ropa bien apiladas en determinados puntos del suelo.

Control del ruido

El ruido es un factor importante a la hora de despertarnos del sueño ligero. Si alguien dice nuestro nombre o una puerta se cierra de golpe cuando estamos en esa fase, nos despertamos. Un aislamiento adecuado del ruido, así como las ventanas dobles, es magnífico para evitar el ruido externo, pero, por desgracia, quienes vivimos de alquiler debemos conformarnos con lo que tenemos. Pero aún peor lo tienen quienes viven en casas y pisos en los que el aislamiento del sonido es totalmente inadecuado entre pisos y tabiques (y puedes oír a los vecinos levantarse toda la noche).

El aislamiento en esos casos es caro, de modo que muchas personas recurren a los tapones. Pueden ser efectivos, pero la incomodidad que causan puede perturbar el sueño.

También hay sonidos que ayudan. En su autobiografía de 2006 Wayne Rooney admitía necesitar el sonido de una aspiradora o un secador para dormirse. Esto no es tan raro como parece, hay personas que encuentran igual de imprescindible el rumor del aire acondicionado o del tráfico (si viven cerca de una carretera). Estos sonidos funcionan como «ruido blanco», que enmascara los altibajos del ruido de fondo que, de otro modo, molestarían a Wayne Rooney en su sueño ligero. Puedes descargar ruido blanco para usarlo en el dormitorio, ya que los fabricantes de aspiradoras y secadores no recomiendan dejar sus productos encendidos sin vigilancia toda la noche.

Seguridad

Quizá la tarea más importante de la habitación de recuperación, incluso más que su adaptación para pasar de la luz a la oscuridad y el ciclo de temperatura, es proporcionarnos sensación de seguridad. Tenemos que sentirnos a salvo y relajados en la habitación de recuperación para poder dormirnos con facilidad y descansar debidamente. Vamos a entrar en nuestro estado más vulnerable, y reducir cualquier miedo o ansiedad es primordial.

La idea de seguridad puede adquirir muchas formas. Puede significar cerrar todas las puertas y ventanas con pestillo como parte de la rutina presueño; o puede ser algo más personal, como tener una foto de nuestros seres queridos en el kit de sueño o una cobija favorita. Sea lo que sea, tiene que proporcionar una sensación de seguridad extra a la habitación, para que tu mente pueda desconectar del estado de alerta y relajarse en los ciclos de sueño diseñados. Es como lo hacemos con los atletas de élite. Si un atleta necesita su peluche favorito para dormirse, se viene con nosotros. Lo que sea para crear el entorno más seguro para que entren en el estado de sueño.

LA HABITACIÓN DE RECUPERACIÓN: SIETE PASOS PARA DORMIR MEJOR

1. En la medida de lo posible, tu dormitorio no tiene que ser una extensión del salón. Cámbiale el nombre por el de habitación de recuperación física y mental.

2. Vacía tu dormitorio (aunque solo sea mentalmente) y vuelve a meter solamente aquellos objetos necesarios para el descanso, la recuperación y la relajación.

3. Aísla tu habitación para que la luz exterior no interfiera con tu sueño.

4. Haz que el ambiente de tu habitación sea más fresco que el resto de tu casa, pero sin que llegue a hacer frío.

5. Siéntete a gusto y seguro en tu habitación: tu peluche favorito, una foto de tus seres queridos o comprobar puertas y ventanas puede ayudarte.

6. Mantenla limpia, con una decoración neutra, y evita cualquier cosa que pueda estimular la mente (dibujos llamativos o libros con los que tengas conexiones personales intensas).

7. Controla el uso de tecnología en la habitación: apaga las luces de *stand by* por la noche y deja el teléfono afuera o, al menos, fuera de la vista (y silenciado).

SEGUNDA PARTE

El R90 en acción

OCHO

Empezar con ventaja
Cómo usar el programa de recuperación R90

Marzo de 2016. Treinta kits de sueño completos y empaquetados individualmente hasta ocupar una fracción del tamaño de un colchón están en un barco, cruzando el océano Atlántico hacia Río para los Juegos Olímpicos. Los atletas no estarán compitiendo hasta agosto, pero dado que este es uno de los acontecimientos deportivos más grandes del planeta, el nivel de seguridad y burocracia está por las nubes: cada elemento destinado a la Villa Olímpica tiene que ser confirmado y tenido en cuenta. No tiene sentido aparecer con una bicicleta de pista nueva si no está aprobada previamente.

Llevamos doce meses con esto. La organización en Río ha sido, francamente, un descontrol, y no hemos sido capaces de que nos proporcionaran demasiada información. Pero ya sabemos que las camas de las habitaciones de los atletas serán individuales, con una extensión de treinta centímetros para los más altos; los colchones, duros como la piedra. Sabemos que allí hará mucho calor, y hemos descubierto que las habitaciones no tendrán necesariamente aire acondicionado. Algo que hemos corregido con equipos portátiles.

El equipo de vela estuvo en agosto del año pasado y nos ha contado que navegaron en aguas contaminadas más allá de lo imaginable. Pero por muy descontrolado que parezca todo esto de las Olimpiadas, las cosas siempre acaban por solucionarse y en Río no será distinto. Todo llegará justo a tiempo.

Existen otros factores en juego: escándalos por drogas, crisis políticas y la preocupación sobre el virus Zika. Cosas que no podemos controlar. Nos limitamos a trabajar en los elementos que podemos controlar, y mejorar el entorno para el sueño es el mío. Tampoco podemos controlar a los demás equipos, ni lo que hayan planeado. Pero nuestros meses de trabajo en todos los aspectos de la preparación significan que hemos hecho todo lo posible para empezar con ventaja.

Horario de recuperación

Combinando los siete indicadores clave de la recuperación mediante el sueño para formar el programa R90 tú también puedes hacerlo. Nuestros días ya no parecen un periodo de tiempo en el trabajo, otro en casa, otro de descanso y una cantidad indeterminada de tiempo durmiendo. En lugar de eso, ahora los hemos dividido en ciclos de noventa minutos para construir una armonía entre actividad y recuperación.

Tu hora fija de levantarte te proporciona el ancla en torno a la cual estructurar el día. En el diagrama, la hora de levantarse son las 6:30, pero tú puedes elegir la que te convenga. Cuenta hacia atrás en ciclos de noventa minutos para ver tus horas de acostarte. En este ejemplo, una rutina ideal de cinco ciclos implica estar dormido a las 23:00. Puede ser más tarde, a las 00:30, si tu vida lo requiere en ese momento, o aún más tarde, a las 2:00. No hay que preocuparse por dormir lo suficiente, porque solo es una noche de siete, y tus rutinas pre- y postsueño de noventa minutos, así como tu habitación de recuperación y tu kit de sueño bien ajustados, van a asegurarte una óptima calidad de recuperación. Vas a tomarte descansos cada noventa minutos, aunque solo sea para caminar un poco afuera, apartarte de la tecnología, ir al baño o beber algo. Tienes dos ventanas de oportunidad para ayudarte también, un periodo de recuperación controlado de noventa o treinta minutos a mediodía o uno de treinta a media tarde. Tú lo controlas.

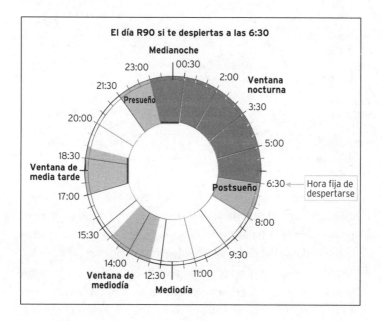

El día R90 si te despiertas a las 6:30

Después puedes empezar a observar esta organización en periodos más largos de tiempo. Puedes verla como parte de un horario semanal en el que sabes que, si eres de los que necesita cinco ciclos cada noche, la semana ideal es de treinta y cinco ciclos. Veintiocho está bien, pero cualquier cosa por debajo de ese número es forzar la maquinaria. Puedes llevar un diario muy simple que recoja solamente los datos medibles.

Diario de sueño de Jess		
	Actividad	Ciclos
Lunes	*Trabajé hasta tarde en la presentación*	PRC: Nocturnos: 4
Martes	*Cena después de trabajar con las chicas*	PRC: 1 (30 min. mediodía) Nocturnos: 4
Miércoles	*Salí a correr*	PRC: 1 (30 min. mediodía) Nocturnos: 4
Jueves	*Copas de despedida de Carl*	PRC: 1 (30 min. media tarde) Nocturnos: 3
Viernes		PRC: Nocturnos: 5
Sábado	*¡Fiesta en casa!*	PRC: 1 (30 min. media tarde) Nocturnos: 2
Domingo	*Cine a las 21:00*	PRC: 1 (90 min. mediodía) Nocturnos: 4

Esta semana, Jess, que trabaja de lunes a viernes en una oficina y cuya rutina ideal son treinta y cinco ciclos, ha conseguido hacer treinta y uno. Seguramente notará los efectos de hacer solo dos ciclos el sábado, antes de levantarse el domingo a su hora fija a las 6:30, pero lo hace bien. Se levanta, desayuna y se va a dar una vuelta antes de volver a casa a tirarse en el sofá y ponerse a ver episodios atrasados de sus programas favoritos de la tele. En la ventana de mediodía, sin trabajo que interfiera, se encierra en su habitación de recuperación con las persianas cerradas, pone la alarma y disfruta de un PRC de noventa minutos en su kit de sueño.

Ha conseguido su ideal de cinco ciclos cuatro veces esta semana y se asegura de dormir la cantidad ideal después de dos noches consecutivas de menos ciclos. No hay nada del diario de Jess que me preocupe si trabajara con ella, pero si se sintiera un poco por debajo de lo normal o cansada después de esa semana, con la ayuda de su horario de sueño podría entender a qué se debe. Puede intentar cambiar las cosas la semana siguiente y conseguir más ciclos con mejor armonía intentando ver qué tiempo puede conseguir. Salir es su principal forma de hacer ejercicio, así que no es negociable, ¿y quién quiere irse pronto de la fiesta cuando se está divirtiendo? Pero quizá podría cancelar el cine el domingo por la noche o ir a una sesión más temprana la próxima vez, y buscar una forma más regular de usar sus PRC.

Saber que puedes hacer algo con tu sueño de esta manera da una gran sensación de poder. Tienes a tu disposición datos medibles para hacer ajustes que pueden beneficiar tu forma de sentirte y rendir. Empieza a mirar la semana que tienes por delante y a situar tus periodos de recuperación y estimar la cantidad de ciclos que harás. ¿Son suficientes? ¿Puedes tener un PRC extra en algún sitio? Los planes cambian, las oportunidades sociales aparecen de repente y el trabajo demanda recortes, pero puedes ser flexible. Puedes cambiar tu hora de acostarte, añadir otro PRC, usar periodos de recuperación de noventa minutos, salir a que te dé la luz natural o hacerte con una lámpara de luz diurna para obtener ventajas. Te estás preparando por adelantado, tomando el control.

Quienes no tienen la ventaja que ofrece el R90 aún andan por ahí sonámbulos con ideas aleatorias sobre su recuperación. Están cansados, saben que no duermen lo suficiente, pero ¿qué piensan hacer? No tienen ninguna medida real de cuánto duermen y no tienen la teoría ni el kit de sueño ni la habitación de recuperación que tú sí has creado para asegurarse de que su descanso es de calidad. Puede que se pongan la alarma para dormir un poquito más; quizá se han acostado antes de lo normal; a lo mejor toman una siesta en el tren de camino al trabajo o en su mesa. Pero no hay una estrategia detrás de todo esto. No tienen las herramientas para mejorar su vida cotidiana, de modo que van dando tumbos, hacen cosas que parecen correctas de manera intuitiva (necesitas descansar más = duermes más), pero que en realidad son contraproducentes. Cambiar tu hora de despertarte o irte antes a la cama no está ayudándote, así que deja de hacerlo. Si necesitas descansar más, duerme mejor.

Dieta saludable, ejercicio regular y una buena alimentación

Si nos basamos en la información que nos proporcionan los gobiernos, médicos y organizaciones de salud de todo el mundo, un estilo de vida saludable consiste en una dieta sana y equilibrada y mucho ejercicio físico. La American Heart Association editó unas guías sobre dieta y estilo de vida para reducir el riesgo cardiovascular en 2013, que incluían consejos detallados sobre cantidades de alimentos y ejercicio, así como advertencias sobre los peligros del alcohol y el tabaco.[30] La «Estrategia global

---

[30] Eckel, R. H., Jakicic, J. M., Ard, J. D., de Jesus, J. M., Houston Miller, N., Hubbard, V. S., *et al.* (1 de julio de 2014). 2013 AHA/ACC

sobre la dieta, la actividad física y la salud», de la Organización Mundial de la Salud, es un intento de controlar problemas no contagiosos como el cáncer, la obesidad y la diabetes tipo 2.

Estas publicaciones y otras muchas editadas en todo el mundo contienen consejos excelentes y las mejores intenciones, con un solo pero: ¿dónde está la sección dedicada al sueño? Teniendo en cuenta que se ha hallado relación entre el sueño y los problemas cardiovasculares,[31] y que cada vez se llevan a cabo más investigaciones para demostrar los efectos del sueño en el cáncer, la obesidad y la diabetes, ¿no tendría sentido incluirla?

La recuperación debería ser el tercer pilar de una vida saludable. Los beneficios que observo a diario en quienes practican el programa R90 son tan importantes como los de la dieta y el ejercicio, pero solo pueden disfrutarse en armonía con estos. Comer mal y no hacer ejercicio causa problemas. Hacerlo bien mejora la calidad del sueño y, como parte de un método basado en tres pilares, mejora enormemente la calidad de vida.

Obviamente, los atletas con los que trabajo están súper en forma, siguen dietas hechas a medida para sus necesidades y, a menudo, son los mejores quienes, con la actitud que esto requiere, muestran más compromiso con su recuperación.

guideline on lifestyle management to reduce cardiovascular risk: a report of the American College of Cardiology/American Heart Association Task Force on Practice Guidelines. *Journal of the American College of Cardiology*, *129*(25 Suppl 2): S76-99. doi: 10.1161/01.cir.0000437740.48606.d1.

[31] Cappuccio, F. P., Cooper, D., D'Elia, L., Strazzullo, P. y Miller, M. A. (7 de febrero de 2011). Sleep duration predicts cardiovascular outcomes: a systematic review and metaanalysis of prospective studies. *European Heart Journal*, *32*(12): 1484-92. doi: 10.1093/eurheartj/ehr007.

Cuando empecé en el Manchester United en la década de 1990, un joven Ryan Giggs fue uno de los primeros jugadores en mostrar un interés real en lo que yo estaba haciendo. No era el Ryan que hace yoga a quien todos los aficionados al futbol conocen hoy en día, pero fue una buena demostración de la curiosidad intelectual y apertura de miras que lo llevarían a él y a su juego al nivel más alto mucho después de que el jugador medio haya colgado las botas.

Esto se ve en los mejores. Yo lo vi en Gareth Bale y Cristiano Ronaldo del Real Madrid, y en sir Bradley Wiggins y sir Chris Hoy. Lo veo en las jóvenes promesas de las que nadie ha oído hablar aún. Si te tomas en serio la dieta y el ejercicio y has leído hasta aquí, tú también tienes algo de esa actitud.

Dieta

Si el programa R90 es un enfoque revolucionario sobre el sueño, adoptar una dieta adecuada que se ajuste a tu descanso no lo es menos. Cabe la posibilidad de que ya lo hagas. Comer tantos productos frescos como sea posible, evitar los alimentos cultivados, tratados o procesados con sustancias químicas, ser consciente de cualquier alergia alimentaria y, en concreto, controlar la sal, el azúcar (el cuerpo te lo pedirá a gritos si no duermes bien), las calorías y la ingesta de cafeína son hábitos sensatos y bien documentados.

Hidratarse con la cantidad de agua adecuada es importante. Cada persona es distinta y tu actividad a lo largo del día afecta a esto, de modo que no bebas dos litros al día sin pensarlo, porque lo digan las últimas recomendaciones de las autoridades sanitarias. Los atletas no hacen esto. Saben que los alimentos contienen agua, especialmente las dietas ricas en verduras, de modo que ajustan en función de ello. No es nada complicado: escucha a tu cuerpo y bebe cuando tengas sed, de manera regular a lo largo del día, especialmente después de hacer ejercicio. La cantidad de líquido que consumimos se convierte en especialmente importante a medida que nos acercamos a nuestra hora de acostarnos. Si tomamos mucho, podemos despertarnos durante la noche.

El triptófano es un aminoácido esencial que se encuentra en los alimentos ricos en proteínas como el pollo, el pavo, el queso, el pescado, los plátanos, la leche y los frutos secos. Nuestro cuerpo lo usa como componente en la producción de serotonina y, por consiguiente, de melatonina, de modo que inclúyelo en abundancia en tu dieta.

Uno de los últimos trucos biológicos usados en deporte son las cerezas Montmorency. No son las que se encuentran normalmente en el supermercado, pero vale la pena buscarlas. Se cultivan principalmente en Estados Unidos y están disponibles en Internet, deshidratadas, o en forma de zumo, en tiendas de productos saludables. El catedrático Glyn Howatson, de la Universidad de Northumbria, ha llevado a cabo numerosos estudios que demuestran sus beneficios para la recuperación después del ejercicio extenuante, con una investigación que demostró que las cerezas producen un aumento de la melatonina que es «beneficioso para mejorar la duración y calidad del sueño en hombres y mujeres sanos y puede ser de utilidad en casos de trastornos del sueño».[32]

---

[32] Howatson, G., Bell, P. G., Tallent, J., Middleton, B., McHugh, M. P. y Ellis, J. (diciembre de 2012). Effect of tart cherry juice (Prunus ce-

Deberías intentar tomar la última comida del día dos ciclos (tres horas) antes de la hora de acostarte, y cualquier tentempié de última hora, noventa minutos antes, al inicio de tu rutina presueño. Comer «demasiado tarde» significa comer demasiado cerca de la hora de acostarse. Si estás cenando a las 21:00 y tu hora de despertarte son las 6:30, ve a un ciclo después de las 23:00 y fija las 00:30 como hora de acostarte. Nunca es demasiado tarde cuando forma parte de un enfoque controlado, aunque cenar tarde por costumbre puede interferir con tus ritmos circadianos.

A nuestro cuerpo le encantan los patrones y la armonía. Tus ritmos circadianos también pueden verse influidos por los horarios de las comidas, de modo que encontrar la armonía entre ellos, empezando por el desayuno, te ayudará con tu hora fija de despertarte. Recuerda, una buena dieta no implica necesariamente comer alimentos que ayuden a dormir bien (aunque sí implica evitar aquellos que lo dificulten), sino en trabajar conjuntamente la alimentación, los buenos hábitos de sueño y el ejercicio para sentirse al máximo cada día.

Ejercicio

Mientras que el sueño es algo que mucha gente da por supuesto en su vida cotidiana, para mí es fácil hacer eso con el ejercicio cuando trabajo con profesionales del deporte. Al fin y al cabo, el ejercicio es su trabajo.

---

rasus) on melatonin levels and enhanced sleep quality. *European Journal of Nutrition*, *51*(8): 909-16. doi: 10.1007/s00394-011-0263-7.

Ya hemos hablado de la importancia de hacer algo de ejercicio como parte de tus rutinas pre- y postsueño, para activar el cuerpo para emprender el día y para prepararlo para dormir. Pero, además, un régimen de ejercicio regular proporciona muchos beneficios para el sueño. Un estudio de la Universidad estatal de Oregón encontró una mejora del 65 por ciento en la calidad del sueño derivada de realizar 150 minutos de ejercicio moderado o fuerte por semana.[33] No creo que se necesite un estudio así para conocer esos beneficios. Cuando hacemos ejercicio durante el día, tendemos a meternos en el kit de sueño agradablemente cansados y, sencillamente, nos dejamos llevar.

En la sociedad occidental se ha desarrollado una auténtica cultura del gimnasio durante los últimos veinte o treinta años. Solo en el Reino Unido, el gasto en cuotas de gimnasio aumentó un 44 por ciento en 2015, y muchas de las conferencias que imparto sobre deportes y *fitness* están llenas de gente que salta sobre trampolines, hace *spinning* y espera ávida el próximo kit o técnica de ejercicios en su búsqueda de la perfección física. La cultura del gimnasio es fantástica, pero no es para todo el mundo, y no tiene por qué.

Hay personas que, sencillamente, no se acostumbran al gimnasio. Yo prefiero hacer yoga o pilates o salir al aire libre y hacer cualquier actividad, desde correr, nadar o ir en bicicleta hasta cualquier otra clase de exóticos ejercicios siempre en perpetua evolución (incluido el yoga o el pilates, cuando el tiempo lo

---

[33] Loprinzi, P. D. y Cardinal, B. J. (diciembre de 2011). Association between objectively measured physical activity and sleep. *Mental Health and Physical Activity*, 4(2): 65-9.

permite). Estas opciones también son excelentes, especialmente cuando se hacen al aire libre, porque nos pueden proporcionar una dosis de luz natural (dependiendo del tiempo que haga).

Hay quienes obtienen su motivación para estar en forma de la práctica de algún deporte. Los profesionales del deporte pertenecen a esta categoría, claro está. Puede que les encante ganarse la vida jugando al futbol, pero no siempre les gustan las sesiones de entrenamiento y el trabajo de *fitness* que esto conlleva. No es raro ver a futbolistas retirados o boxeadores, entre peleas, relajar su rutina y ganar peso. Para otros, lo que los mantiene en forma es jugar al golf o hacer jardinería o sacar a pasear al perro a diario. Incluso puede ser ir al trabajo en bicicleta en lugar de en autobús.

Lo importante es que todo el mundo debería hacer algo para estar activo. Y otro gran beneficio es que podemos usar el tiempo que empleamos en hacer ejercicio para darnos un respiro mental, basta con desconectar mientras sumamos metros en la cinta o largos en la piscina. Si somos capaces de darnos también un descanso tecnológico, mucho mejor. Esto no implica abandonar el teléfono inteligente si lo usas para medir tu progreso al correr o tu posición como rey de la montaña en Strava. Puede bastar con ajustarlo en modo «no molestar» para no relacionarte con el mundo exterior.

Es mejor no hacer ejercicio extenuante antes de irse a dormir, porque se necesita tiempo para bajar los niveles de adrenalina y el ritmo circadiano acelerado, y ten en cuenta tus ritmos circadianos si quieres empezar a batir récords personales: la mayoría de los récords mundiales en atletismo y ciclismo se rompen por la tarde.

Recuperarse del ejercicio es vital. Incorpora periodos de recuperación, hidrátate y cárgate de energía cuando sea necesario y utiliza suplementos o trucos biológicos como las cerezas Montmorency para ayudarte. La comodidad de tu kit de sueño pasa a ser aún más importante si haces ejercicio intenso y te duelen las extremidades y articulaciones. La superficie no tiene que empeorar ningún dolor que pueda impedirte dormir, o hacer que te sientas peor por las mañanas. Obtener tu cantidad ideal de ciclos esa noche y usar PRC también es una buena idea.

En Estados Unidos trabajo con Michael Torres, un experto en *fitness* cuya empresa, SHIFT Performance, es líder en la industria del rendimiento humano. Como él dice: «Personalmente, mis ideas sobre la recuperación se han ensanchado con los años, desde la integración de la terapia de masajes a la monitorización del sueño y el estrés, y, recientemente, la comprensión del sueño como un sistema de recuperación. La recuperación es el denominador común que afecta a todo. Hemos explorado la recuperación más como un elemento del programa de entrenamiento y no como algo externo a él. Este es el futuro».

Sueños eléctricos

Te despiertas justo antes de que suene la alarma. Te levantas, la apagas y abres las persianas. Hace un día espléndido. Vas al baño, vacías la vejiga y vas a la cocina a hacerte el desayuno. Lo tomas afuera mientras notas cómo te vas despertando poco a poco bajo la luz del sol y oyendo cantar a los pájaros. Te duchas y te preparas para ir al trabajo. Te sientes bien y alerta, descansado y listo para el día que te espera. Estás deseando que empiece. Tomas el teléfono inteligente y compruebas tu *app* del sueño para ver qué tal te ha ido la noche pasada. Dice que has dormido fatal. Demasiado sueño ligero y demasiado poco del profundo. Según la *app*, el día es un desastre.

Los medidores de actividad, que almacenan datos como los pasos dados, las calorías quemadas o el tipo de actividad, son un negocio enorme y al alza, que se prevé que estará valorado en más de cinco mil millones de dólares en 2019 (dos mil millones en 2014).[34] Productos como Fitbit y Jawbone se han convertido en nombres reconocibles para muchas personas, y con empresas como Apple entrando en el mercado con su Watch, nunca hemos estado más motivados para conseguir datos que apoyen nuestra actividad física y nuestra salud. Estos medidores, junto con diversas *apps* disponibles en los teléfonos inteligentes también aseguran que pueden medir el sueño.

Utilizar datos de rendimiento es una parte vital del deporte moderno, y los medidores de actividad como los que fabrica Whoop, una empresa estadounidense que los hace a medida para atletas, juegan un papel importante, especialmente a la hora de avisar de una posible lesión cuando un atleta se está sobreesforzando. Los profesionales a veces se quejan de tener que usarlo porque tienen la sensación de que no controlan los datos, pero normalmente lo aceptan como parte del trabajo.

Pero en lo relativo al control del sueño, la cosa se complica. Los atletas profesionales creen, con razón, que el tiempo que no pasan en el trabajo es suyo, y pueden resistirse a que les monitoricen su sueño. Si un deportista de élite va a pasar la noche con su pareja y va a dormir poco, considera que no le

---

[34] Datos de Parks Associates.

interesa a nadie, ni al club ni al entrenador. Es su tiempo privado y, si no se maneja la situación correctamente, los atletas pueden pensar que su empleador intenta controlarlos. Puede que no sientas lástima por ellos, dada la cantidad de dinero que ganan estos deportistas, pero ¿cómo te sentirías si tu jefe te obligara a llevar una pulsera para monitorizar qué haces por las noches? Esto puede que te incumba más de lo que crees, ya que se ha usado información de medidores de actividad en juicios.

Cuando trabajo con un equipo pedimos a los atletas que lleven los dispositivos durante periodos concretos, y entonces nosotros, y no ellos, recopilamos los datos. No queremos que les surjan dudas extrañas relacionadas con los datos por las mañanas, igual que tú no quieres que cualquier dato te fastidie cuando te levantas. Después usamos esos datos para aconsejar al atleta en términos prácticos sobre cómo puede mejorar sus rutinas de recuperación. Igual que lo hacemos con los datos de actividad, usamos medidores para observar señales de alarma en los hábitos de sueño. Si hay indicadores de riesgo para la salud, un jugador duerme de más o tiene una apnea no diagnosticada, podemos intervenir. No estoy allí para hacer de Gran Hermano.

El problema con muchas de las *apps* y medidores disponibles para uso doméstico es que proporcionan la información que obtienen mediante un acelerómetro que, básicamente, captura el movimiento. Mucho movimiento indica sueño ligero; inmovilidad, sueño profundo. Mientras que el medidor que llevas en la muñeca puede al menos garantizar que el movimiento es tuyo, las *apps* que te piden que dejes el teléfono estratégicamente al lado de la cama no son tan precisas. Si la persona con quien compartes cama se inmiscuye, lo registran. Si el perro salta sobre la cama (por favor, dime que no compartes tu habitación de recuperación con una mascota), también.

La mayor utilidad de las *apps* está en el terreno de la educación. Ayudé al Southampton Football Club a mejorar su *app* para jugadores y equipo técnico e introduje nuevas secciones en sus cuestionarios para evaluar mejor los hábitos de recuperación de los jugadores y ofrecerles consejos prácticos para mejorar sus rutinas.

Los medidores y la tecnología de monitorización son de ayuda en algunos aspectos, porque al menos hace que las personas hablen del sueño. Está despertando cierto interés y proporcionando algo de conocimiento sobre las fases del sueño y la importancia del sueño profundo. Sin embargo, la realidad es que, una vez se pasa la novedad, la información que proporcionan los dispositivos rara vez tiene alguna influencia en la vida de las personas, y estas dejan de usarlos. Si te despiertas fresco y preparado para el día que te espera, pero tu *app* dice que has dormido mal, ¿a quién vas a creer?

Solo una polisomnografía, durante la cual se monitorizan cosas como la actividad cerebral, el movimiento de los ojos y de los músculos, puede medir de manera precisa las fases del sueño dentro de los ciclos; aunque los dispositivos portátiles son cada vez más sofisticados y miden el ritmo cardiaco y la temperatura, así como el movimiento. También existió un aparato denominado Zeo, que era una banda que se ponía en la cabeza y medía las señales eléctricas del cerebro, que prometía monitorizar las fases del sueño de manera más precisa, pero ya no se encuentra a la venta.

El hecho es que, aunque esta tecnología puede proporcionarte cierta guía sobre cómo duermes, si de verdad quieres hacer algo concreto para mejorar la calidad de tu sueño, es mucho mejor invertir el dinero en alguna de las cosas que hemos mencionado en este libro. Mejorar tu kit de sueño, un simulador de amanecer, persianas plegables o comprar bombillas rojas para las lámparas son mejores formas de gastar el dinero. Y descargar una *app* de meditación en lugar de una de esas que promete medir tu sueño es realmente una mejor manera de invertir tu tiempo.

El ataque por tres flancos

La imagen que siempre me viene a la cabeza cuando observo el sueño en conjunto con la dieta y el ejercicio es la de una familia italiana sentada alrededor de una mesa, al aire libre, bajo un olivo. El sol brilla. En la mesa hay fruta fresca y verdura, una garrafa de vino tinto y algo de queso y pan recién hecho. La familia incluye distintas generaciones, desde niños hasta el hombre mayor sentado en la cabecera de la mesa, aún vivaz y activo con su piel envejecida por el sol, sirviendo vino, riendo y bromeando con sus nietos. ¿Crees que duerme bien cuando se echa a la sombra un poco después?

No se ve ningún gimnasio cerca con su música rítmica y sus luces brillantes. Solo es una familia haciendo cosas sencillas en su entorno. Pero no importa si vives en una casa pareada en el campo o en un piso en la planta 20 de un rascacielos en una ciudad, si trabajas de 9:00 a 17:00 en una oficina o en la obra, todo el mundo puede construir su versión de esta imagen. Puedes encontrar el ejercicio y la actividad que te funcionen. Puedes llevar una dieta sana y equilibrada. No hay que obsesionarse con ello, puedes seguir tomándote un trozo de pastel o una copa de vino cuando te apetezca, y puedes integrar el programa R90 en tu vida para recuperarte bien y aprovechar al máximo cada día. Porque, si lo haces bien, vas a sentirte fenomenal.

NUEVE

Dormir con el enemigo
Alteraciones del sueño

Está llegando la primavera. Pronto vamos a adelantar los relojes. Rebecca[35] acaba de adelantar su hora de levantarse a las 5:00 como parte de su programa R90 hecho a medida. Lo que puede resultar aún más sorprendente es que está a punto de empezar una rutina de tres ciclos.

Cuando se puso en contacto conmigo, Rebecca tenía problemas. Trabaja en la banca en un puesto en el que recibe mucha presión, pero vivía muy cerca de su oficina, de manera que podía ir al gimnasio a primera hora de la mañana y empezar bien el día antes del trabajo. Cuando su oficina se mudó a la otra punta de la ciudad, su trayecto al trabajo se incrementó mucho y dejó de ir al gimnasio. No tenía tiempo.

Rebecca siempre había tenido un sueño sensible, se despertaba mucho durante la noche y tenía problemas respirato-

---

[35] No es su nombre ni su identidad real, todos mis clientes permanecen en el anonimato y sus datos son confidenciales.

rios en forma de asma y alergias. Eso le sucedía desde siempre. Una vez desapareció de su vida esa magnífica forma de empezar el día descargando estrés y cargándose de energía, empezó a sentirse peor en su vida cotidiana: fatigada e irritable, con pocas ganas y motivación, cada vez más dependiente de la cafeína y los tentempiés azucarados para tirar adelante. Le costaba dormirse, se despertaba cada vez más, lo que aumentaba su fatiga, irritabilidad, falta de ganas y motivación, y se creaba un círculo vicioso.

Había pasado horas en Internet investigando sus síntomas, había ido al médico e incluso empezado a asistir a una clínica especializada, pero no podían diagnosticar nada específico o proporcionarle alguna cosa práctica para su día a día. Estaba probando hierbas medicinales, baños relajantes, medicamentos sin receta para ayudar al sueño y, finalmente, somníferos. Pero nada estaba funcionando. Finalmente, su pareja se fue a dormir al sofá cama hasta que se solucionara todo.

Cuando se puso en contacto conmigo, lo primero que le pedí fue que me rellenara el cuestionario sobre el perfil de sueño R90 que utilizo, diseñado para tener una imagen completa de la vida cotidiana del sujeto: lo que hace, cuándo y por qué. No está lleno de preguntas tipo test como: «¿Durante cuánto tiempo te despiertas por las noches? Cuarenta y cinco minutos, sesenta minutos o más», porque, la verdad, ¿quién es capaz de responder a esas preguntas de manera precisa? En lugar de eso, hago preguntas con respuestas concretas, normalmente un sí o un no. ¿Eres consciente de tus ritmos circadianos? ¿Sabes cuál es tu cronotipo? ¿Te despiertas durante la noche? También me mandó fotografías de su cama y su entorno de sueño. Incluso en fotografía, la mayoría de las personas, como los Race de los que hablamos en el capítulo 7, se aseguran de que la habitación esté ordenada y presente su mejor imagen.

Vi enseguida que tenía un dormitorio grande, pero solo una cama doble estándar. «¿Has pensado en comprar una cama más grande?», pregunté. Dormía en un colchón de resortes recubiertos con relleno natural. «¿Por qué no compras algo hipoalergénico para tu asma?». Se familiarizó enseguida con los ciclos y los ritmos. Ya empezaba a mostrarse más positiva ante las cosas. Entonces usamos este conocimiento para ayudarla a empezar a hacer algunas mejoras en su vida.

Se deshizo de todas las pastillas y hierbas para dormir. Estaba acostumbrada a despertarse a las 6:00 para ir a trabajar e irse a dormir a las 22:00 en una noche «ideal», pero ella es una persona de mañanas y con el verano cerca y sus luminosas mañanas fijamos su hora de levantarse a las 5:00. Era más o menos a la hora que salía el sol, de modo que aquello le iría bien a su cronotipo de mañana. Entonces contamos hacia atrás en ciclos de noventa minutos para proporcionarle sus horas de acostarse: las 3:30, las 2:00, las 00:30 y las 23:00. Las 21:30 no era buena hora, porque con los relojes a punto de cambiar, pronto aún sería de día a esas horas y el deseo circadiano y el punto álgido de la necesidad de dormir aparecerían más tarde. Si necesita cinco ciclos, podemos usar PRC o mover su hora de levantarse a las 6:30.

Podrá volver a ir al gimnasio y empezar su día con el pie derecho. Ella empieza a sentirse mejor en el trabajo y más empoderada a medida que adopta su propio programa R90, sale de compras para hacer su kit de sueño y maneja mejor su entorno. Usa su hora de acostarse de las 23:00, que es cuando se siente cansada y se duerme bien, pero sigue despertándose por las noches. ¿Ha considerado alguna vez la idea de que dormir ocho horas no sea lo mejor para ella? Quizá en lugar de quedarse ahí dando vueltas, lo que pasa es que es como los navegantes que dan la vuelta al mundo o la directora ejecutiva de Yahoo, Marissa Mayer, y necesita menos sueño que la mayoría.

Así que, como se ha ajustado bien a su nueva hora de levantarse, se muestra sorprendida cuando le propongo que empiece a irse a dormir a las 00:30. ¿Solo tres ciclos?

Restricción

Cuando trabajo con personas que me dicen que se despiertan y se levantan por las noches, eso me pone en alerta. Me da igual que sean cinco minutos o una hora, no quiero que te levantes por las noches.

Mucho de lo que hemos comentado en los indicadores clave de la recuperación mediante el sueño es para apartar la mayor cantidad posible de obstáculos para permitir una transición suave entre ciclos por la noche. A lo largo del libro, hemos hablado de la preocupación y el estrés por el hecho de no dormirnos como una de las cosas que pueden mantenernos despiertos, y cómo puede ser de ayuda observar un marco de tiempo más amplio y saber que puedes hacer ajustes durante tus horas de vigilia.

Usar ciclos de noventa minutos en el programa R90 nos proporciona una polisomnografía hecha por nosotros mismos que podemos usar cuando tenemos problemas con el sueño. Si nos despertamos al principio o al final de un ciclo durante la noche (mirar el reloj es una confirmación), sabemos que, si no volvemos a dormirnos enseguida, podemos levantarnos y hacer actividades presueño para intentar pillar el siguiente ciclo. Podemos observar qué puede habernos despertado. Si hemos tenido que ir al baño, ¿hemos bebido demasiado líquido el día anterior? ¿Consumimos mucha cafeína el día anterior? ¿Estamos experimentando estrés? El método no tiene nada de aleatorio, solo hacemos autodiagnósticos muy sencillos.

Si nos despertamos en mitad de un ciclo, podemos levantarnos y prepararnos para el inicio del siguiente ciclo. Nosotros lo controlamos. Si nos despertamos demasiado pronto en el último ciclo antes de la hora de levantarse prevista, podemos relajarnos en la cama y empezar nuestro día. Si ese despertar puede achacarse a un incidente en concreto, podemos irnos a descansar un ciclo más tarde para intentar dormir sin interrupciones en lugar de tener un sueño inquieto. Si los problemas de sueño persisten, podemos volver al proceso de restricción de sueño.

Al principio, la restricción de sueño parece contraria a la lógica. Si tienes problemas para dormir y estás cansado durante el día, ¿cómo va a ayudarte la restricción? Pero, de hecho, funciona bajo una premisa muy sencilla: si no duermes lo suficiente, pero pierdes el tiempo en la cama intentándolo, vamos a dejar de perder ese tiempo. Vamos a hacer que el tiempo en la cama sea eficiente.

Así que, en el caso de Rebecca, cuya hora de acostarse eran las 23:00 y su hora de levantarse las 5:00, ella seguía despertándose por la noche y le costaba volverse a dormir. Así que cambié su hora de acostarse a las 00:30 a ver qué tal le iba.

El peor obstáculo suele ser psicológico. Después de años de aceptar sin discusión que deberíamos pasar ocho horas en la cama cada noche, es complicado convencer a la mente de que cuatro y media pueden bastar. Pero ¿qué es mejor? ¿Tres ciclos sin problemas de transición con buenas porciones de todas las fases relevantes del sueño (recuerda que tu mente dará prioridad a la REM si no le falta) o una cantidad similar de sueño roto y repartido a lo largo de ocho horas en las que domina el sueño ligero?

A Rebecca le puede costar mantenerse despierta hasta después de medianoche: se sentirá cansada y querrá irse a dormir antes, pero es vital que se resista a ello. Hacer un poco de ejercicio, como salir a dar un paseo y que le dé el aire, puede ayudarla a despejarse y conseguirlo. Mantenerse activa hasta más tarde es la clave para no tener que pasar toda la noche en el sofá frente al televisor. La hora de levantarse, como siempre, es constante.

Puede que se sienta cansada durante el día. Es importante que dedique la mayor cantidad de tiempo posible a las rutinas pre- y postsueño (idealmente, noventa minutos), que use los descansos cada noventa minutos y PRC cuando los necesite, y que absorba la mayor cantidad posible de luz natural durante esos periodos para obtener un estímulo y poner en hora el reloj biológico.

Con el programa R90 observamos el sueño en un horario de siete días, no de una noche, de modo que, si después de siete días sigue con problemas, podemos reducir otro ciclo y que se acueste a las 2:00. Esto puede sonar increíble, pero es importante entender que no está pensada como una medida a largo plazo. Está pensada para reiniciar el patrón de sueño, hacerte tocar fondo en cuanto a cantidad de sueño que puedes dormir de forma eficiente y poder empezar a construir desde ahí.

Si, finalmente, a Rebecca le funciona un patrón de sueño de 2:00 a 5:00, empezará a notar otros beneficios. Como se dormirá inmediatamente, en el momento en que el deseo circadiano es más fuerte, y permanecerá dormida sin fisuras durante dos ciclos, pronto notará que ya no necesita tapones porque ya no se encuentra tanto tiempo en esa fase ligera en la que es fácil despertarse. Puede que incluso descubra que forma parte de ese sector como el de los navegantes que dan la vuelta al mundo, que duermen poco y constituyen el uno por ciento de la población.

Lo que le proporciona es una base que ella sabe que puede alcanzar de tres horas de sueño ininterrumpidas. Si eres una de esas personas que duerme profundamente durante tus cinco ciclos cada noche, esto te parecerá poco, pero para algunas personas, después de años con el sueño roto, este es un punto de partida increíblemente potente. La mantendremos ahí durante siete días, la monitorizaremos y después volveremos a acostarla a las 00:30. O, si durante el proceso de adopción de este régimen ella empieza a ir al gimnasio después de trabajar para mantenerse despierta más rato por las noches, podemos cambiar su hora fija de despertarse a las 06:30. Esto es positivo. Ella ha cambiado su rutina para encontrar tiempo por las noches para ir al gimnasio porque ahora se acuesta más tarde y duerme sin interrupciones constantes.

Mantendrá esta rutina durante siete días y, asumiendo que funcione, intentaremos volver atrás de nuevo, para tener una rutina de cuatro ciclos. De 23:00 a 5:00 (o de 00:30 a 6:30), seis horas cada noche, de repente, ya no suenan tan mal. Antes no sabía cuánto dormía ni cuánto necesitaba en realidad, pero ahora empieza a verlo.

La restricción de sueño no es un proceso instantáneo, de modo que resulta frustrante cuando tengo clientes que acuden a mí después de un régimen de restricción en el que, si conseguían dormir una noche del tirón, sin despertarse, adelantaban su hora de acostarse quince minutos, si no, la atrasaban quince minutos. En mi experiencia, este método es demasiado errático y genera mucha presión, lo que hace que quienes lo llevan a cabo se sientan como en un videojuego malvado: hazlo bien esta noche para pasar de nivel, si no lo consigues, retrocederás al nivel anterior.

Es importante eliminar esa idea de que una noche lo es todo cuando hablamos de trastornos del sueño. Por eso yo observo ciclos por semana y proclamo la recuperación en un horario de 24 horas al día y 7 días a la semana, porque no es justo jugárselo todo a una noche. Cuando el sueño se restringe sin estos parámetros, y se hace de manera constante durante una muestra más larga de siete noches, en lugar de solo una, entonces podemos empezar a ganar confianza al saber que eso solo ha sido una noche de muchas. Se trata de un cambio gradual de rutina, no de un reto con penalizaciones y recompensas.

Insomnio

El insomnio es la madre de todas las alteraciones del sueño. Es la primera cosa en la que muchos de nosotros pensamos cuando hablamos de estos temas, y resulta extraño que esta palabra haya aparecido tan tarde en un libro sobre el sueño.

De hecho, *insomnio* es una palabra que describe una gran cantidad de problemas del sueño en los que el paciente experimenta problemas para dormirse o para mantenerse dormido, y que interfiere con la capacidad funcional en las horas de vigilia. Según el catedrático Chris Idzikowski, uno de mis mentores más queridos en la industria y miembro del Consejo del Sueño del Reino Unido, el «insomnio está causado por la sobreexcitación, un estado en el que el cerebro de una persona está, sencillamente, demasiado excitado para dormir».[36]

Para algunas personas, esto se traduce en que un periodo de estrés, causado por una pérdida o dificultades laborales, les provoca insomnio durante una breve temporada. Para otros, existe el problema del insomnio crónico, una enfermedad grave que puede no tener una causa obvia o ser un síntoma de otros problemas como trastornos de ansiedad y depresión.

Tengo un colega que padece insomnio crónico. Solo consigue dormir una hora cada noche, si tiene suerte. Al principio, su cuerpo se derrumbaba durante el día: se quedaba dormido en cualquier parte, incluso en la calle. Una auténtica pesadilla. Pero ahora se ha ajustado y, aunque la cantidad de horas de sueño no ha mejorado, sí lo ha hecho su capacidad de gestionarlo. Nuestros cuerpos y mentes se adaptan. Ahora aprovecha el tiempo para hacer el trabajo de dos días en uno, lo que es muy útil cuando trabajas con personas en distintos husos horarios. Cuando usamos con él un dispositivo de medición llamado Zeo, que nos permitía monitorizar sus patrones de ondas

---

[36] Idzikowski, C. (2013). *Sound Asleep: The Expert Guide to Sleeping Well*, Londres, Reino Unido: Watkins Publishing.

cerebrales, descubrimos en ellas la actividad asociada a la fase de sueño mientras enviaba correos electrónicos. En mi opinión, esto sugiere que su cerebro podría descansar de alguna manera mientras está despierto por las noches, aunque su diagnóstico es mucho más sencillo: la máquina no funciona.

Ante este tipo de insomnio crónico, o el que sugiere algún problema de salud mental, mi recomendación es muy sencilla: visita a un médico. Esto garantiza un diagnóstico clínico y atención médica. Sin embargo, para quienes sufren otros tipos de insomnio, al que a mí me gusta referirme como tener problemas para dormir, o despertarse por las noches, el programa R90 es una herramienta efectiva. Las rutinas pre- y postsueño, la hora fija de despertarse, la armonía con el reloj biológico, un entorno de sueño bien preparado y los descansos regulares y el ejercicio pueden ayudar, y el proceso de restricción del sueño es un método que no solo utilizo yo, sino las clínicas y servicios de salud de países de todo el mundo. Si no te funciona, visita a un médico, pero, dada la carga de trabajo de muchos profesionales médicos, puede ocurrir que se limite a recetarte algo para dormir. Y ahí es donde pueden empezar tus problemas.

Los medicamentos no funcionan

Con toda la presión, la adrenalina y el uso (y abuso) de cafeína en el deporte, no resulta sorprendente saber que existe una cultura del consumo de pastillas para dormir en muchos de los equipos con los que trabajo. Al fin y al cabo, todo lo que sube tiene que bajar.

El mercado global de los medicamentos para dormir estaba valorado en 58.100 millones en 2014, y se espera que llegue a los 80.800 millones en 2020,[37] mientras que un informe de Estados Unidos cifra en aproximadamente 9 millones el número de estadounidenses que consumen somníferos con receta, un número que se ha triplicado entre 1998 y 2006 en la franja entre 18 y 24 años.[38]

Los riesgos del mal uso de estos medicamentos son significativos, y los ingresos en urgencias relacionados con el zolpidem, un hipnótico (medicamento que actúa sobre el sistema nervioso central para inducir el sueño) y que es el principio activo de la marca de somníferos más popular en Estados Unidos, Ambien, prácticamente se han duplicado entre 2005 y 2010. Las pastillas para dormir pueden crear adicción, provocar pérdidas de memoria y sonambulismo —incluso se conocen algunas historias graves de personas que han conducido dormidas, lo que ha generado consecuencias catastróficas—, y pueden perdurar en el organismo más tiempo del esperado, afectar al equilibrio, la alerta y el tiempo de reacción al día siguiente.[39] En este sentido, no mejoran nada el rendimiento.

Un estudio de 2012 que establecía una relación entre las pastillas para dormir y la mortalidad por cáncer indicaba «riesgo sustancialmente elevado de morir comparado con quienes no recibieron hipnóticos», incluso entre quienes tomaban re-

---

[37] Persistence Market Research (julio de 2015). *Global Market Study on Sleep Aids.*

[38] Centro Nacional de Estadísticas de Salud de Estados Unidos.

[39] Gunja, N. (junio de 2013). In the Zzz zone: the effects of Zdrugs on human performance and driving. *Journal of Medical Toxicology*, 9(2): 163-71. doi: 10.1007/s13181-013-0294-y.

lativamente pocas pastillas.[40] ¿Vale la pena correr el riesgo? Un estudio sobre los fármacos Z, el grupo de hipnóticos al que pertenece el zolpidem, descubrió una mejora de solo veintidós minutos en la cantidad de tiempo que tardaron en dormirse las personas que lo tomaron en comparación con las que ingirieron un placebo.[41]

Los medicamentos no son la respuesta a los problemas persistentes de sueño. Son efectivos en casos de insomnio a corto plazo, como los causados por procesos de duelo o sucesos igualmente traumáticos, y el Servicio Nacional de Salud del Reino Unido recomienda su uso solo en tratamientos de cuatro semanas como máximo. Sin embargo, el profesor Kevin Morgan, del Centro de Investigación del Sueño de la Universidad de Loughborough, dice: «La mayoría de los insomnios clínicos son crónicos, de modo que la mayoría de estos medicamentos se recetan durante más tiempo del que deberían».

¿Pero por qué molestarse en conseguir una receta? Muchas pastillas para dormir se encuentran por Internet sin necesidad de ella, lo que significa que muchas personas que se autodiagnostican problemas de sueño utilizan medicamentos

---

[40] Kripke, D. F., Langer, R. D., Kline, L. E. (febrero de 2012). Hypnotics' association with mortality or cancer: a matched cohort study. *British Medical Journal Open*, 2: e000850. doi:10.1136/bmjopen-2012-000850.

[41] Huedo Medina, T. B., Kirsch, I., Middlemass, J., Klonizakis, M. y Siriwardena, A. N. (diciembre de 2012). Effectiveness of nonbenzodiazepine hypnotics in treatment of adult insomnia: metaanalysis of data submitted to the Food and Drug Administration. *British Medical Journal*, 345: e8343. doi: 10.1136/bmj.e8343.

potentes y potencialmente adictivos sin supervisión de profesionales médicos. En 2013, el Consejo del Sueño del Reino Unido mostró que una de cada diez personas había ido a la consulta del médico por problemas de sueño, y que tres de cada diez habían tomado medicación para ayudarlos a dormir.

Te voy a dar un consejo muy claro: deja de tomarlas. Ahora mismo. A menos que te hayan diagnosticado un trastorno del sueño o de salud mental y sean parte necesaria del tratamiento, no te hacen ningún bien. Tienen la capacidad de ser adictivas desde una perspectiva psicológica. Pueden formar parte de una rutina presueño no deseada en la que la persona se acostumbra tanto a tomarlas antes de acostarse que se convence de que no puede dormir sin ellas. Si intentan dormir sin esta muleta a la que se han acostumbrado, surge la ansiedad y se mantienen despiertos con pensamientos que no les ayudan y que alimentan la idea de que dependen de ellas.

Una de las primeras cosas que hago al llegar a un club deportivo es conseguir que los profesionales dejen de tomar pastillas para dormir. Puede que el médico ya lo haya intentado, pero que sus palabras hayan caído en saco roto. Pero él sabe que tienen consecuencias.

—Las necesito. Las noches antes y después de un partido no puedo dormir —responde el jugador.

—No te preocupes —le digo—. Si no puedes dormir, busca otras formas de recuperarte. Medita. Mira un vídeo de tus mejores momentos por Internet. Utiliza el tiempo para otras cosas.

Verse a sí mismo en su mejor momento le puede ayudar a calmar parte de la ansiedad que le está impidiendo dormir y proporcionarle confianza para el partido que se avecina.

Cuando sir Steve Redgrave no podía dormir antes de una competición, no se preocupaba. Seguía saliendo allí, remaba como un poseso, acababa primero y se recuperaba después. Si te cuesta dormir, ¿por qué no haces algo parecido para darte confianza y sentirte mejor? Puede que no tengas vídeos de tus mejores momentos, pero seguro que puedes recordar algo que te proporcione confianza. Seguro que es mejor que pensar en que no estás durmiendo. Levántate, haz algo parecido a otra rutina presueño (medita, escucha algo relajante con los auriculares), e intenta dormirte al inicio del siguiente ciclo (de modo que, si te cuesta dormirte, es la 1:00 aproximadamente, y tu hora de levantarte son las 6:30, tu siguiente punto de entrada natural serán las 2:00 o las 3:30). Toma el control de la situación y sé proactivo para solucionarlo.

Rebecca, de la que hablamos al inicio del capítulo, usaba medicamentos sin receta para dormir para intentar enfrentarse al problema. Las ventas de estos productos sumaron 44 millones de libras[42] en el Reino Unido en 2015.[43] Los medicamentos sin receta, que a menudo contienen antihistamínicos como principio activo, tienen una utilidad limitada si se usan de forma aislada. El efecto placebo, «me estoy tomando una pastilla, así que no tengo que preocuparme por dormir», puede ser potente, tal y como se ha observado en estudios con medicamentos con receta más potentes, y muchas personas son propensas a olvidar los pasos que están dando al usar ayudas para dormir las primeras noches.

---

[42] 1 031 798 319 pesos (1 libra=23.45 pesos).
[43] Connelly, D. (24 de marzo de 2016). Sales of overthecounter medicines in 2015 by clinical area and top 50 selling brands. *Pharmaceutical Journal.*

Reconocer que necesitan algo que les ayude a dormir les hará reducir los elementos que no les ayudan en su estilo de vida, como beber alcohol o quedarse despiertos hasta tarde, tal vez reducir la ingesta de cafeína durante el día. Puede que lo hagan un día o dos, y duerman mejor, pero al final, una vez recuperen sus hábitos, el producto demostrará que no es otra cosa que un bálsamo a corto plazo. Un bálsamo a corto plazo que puede usarse como parte de un método coordinado, claro está, y que no es probable que cause los problemas de las medicaciones con receta más potentes. Pero si quieres ver resultados más regulares, el programa R90 es mucho más fiable a largo plazo que cualquier pastilla.

Jet lag

La primera parte de mi viaje a Australia empezó en el aeropuerto de Birmingham a las 21:00. Comí algo, vi una película y apreté el botón para convertir mi asiento en una cama (viajar en clase ejecutiva era una de las ventajas de que aquello fuera un viaje de trabajo) y dormí durante el resto del trayecto hasta aterrizar en Dubai a las 7:00, hora local. Estuve despierto todo el día, me reuní con mi amigo Andy Oldknow,[44] que vive en Dubái, pasé la tarde con él y volví al aeropuerto para el vuelo de las 2:00 a Sídney. Trece horas después, tras haber dormido

---

[44] Andy era ejecutivo de patrocinadores de la Asociación de Futbol en 1998, cuando me llamó para elegir las mejores camas para el equipo inglés durante el Mundial de Francia 1998. Él sigue diciendo que fue quien lanzó mi carrera en el mundo del deporte.

unas cuantas horas en el avión, aterricé allí por la tarde-noche. Llegué al hotel, comí algo, me relajé un rato y me fui a la cama con el despertador puesto para la mañana siguiente, porque tenía que estar en unos estudios de televisión a las 11:00. Había seguido una rutina bastante normal a pesar de los saltos entre husos horarios, y aquella noche dormí como un tronco.

Por la mañana me encontraba bien, no al cien por cien, claro está, pero son muchas horas de viaje y siempre queda algo de fatiga residual (los viajes de larga distancia son cansados en sí mismos, especialmente porque pasas muchas horas en un espacio muy reducido, algo que a veces puede ser difícil de diferenciar de los síntomas del *jet lag*). Llegué al estudio de televisión con tiempo mientras ellos grababan, y durante mi preparación para la pieza fue todo bien..., hasta que me derrumbé cuando ya me estaban grabando. En la tercera toma yo ya no podía ni hablar. Todo me empezó a dar vueltas y a diferir de lo que yo considero una versión normal de la realidad. No podía luchar contra esto, de modo que, a pesar de que había dado la vuelta al mundo precisamente para grabar ese programa de televisión, tuve que volver al hotel. ¿Cómo podía haber sucedido eso?

Cuando viajamos largas distancias a gran velocidad hacia el este o el oeste atravesando husos horarios, nuestros ritmos circadianos se resienten por el hecho de desincronizarse con el ciclo de luz y oscuridad del nuevo entorno y experimentamos *jet lag*. La evolución aún no se ha puesto al día con la invención del motor de reacción.

Los patrones de sueño alterados, problemas para dormir y permanecer dormido, y altos niveles de fatiga diurna son los síntomas habituales de *jet lag*. Mientras nuestro reloj biológico se adapta, estamos alerta o cansados en los momentos equivocados. Las cosas se complican por el hecho de que, una vez el reloj biológico central del cerebro se ajusta al horario de luz y oscuridad, los relojes individuales de nuestras células y órganos, controlados por el central, tienen que recalibrarse.

Cuanto más lejos viajas y mayor es la diferencia horaria, más agudo será el impacto. Como regla general, se estima que se tarda un día para adaptarse por cada hora de diferencia, pero esto afecta a cada uno de manera distinta y en distintos grados. Un equipo de treinta futbolistas puede viajar al Sudeste Asiático para un campeonato promocional de pretemporada, seguir todos el mismo protocolo con las mismas intervenciones, y la mitad de los jugadores estar bien para jugar al día siguiente de aterrizar mientras los demás están derrotados. Lo cierto es que se pueden tomar medidas para intentar prepararse, pero nada garantiza que nos libremos. En mi viaje a Australia disfruté de los lujos de la clase ejecutiva, de modo que me resultó más sencillo dormir a las horas correctas que si hubiera viajado apretado en clase turista, apliqué toda mi experiencia respecto del sueño y aun así fracasé.

Quienes hayan estado de vacaciones en lugares remotos habrán experimentado *jet lag*, y esto siempre puede interferir con el inicio de las vacaciones, así como con nuestro regreso a la vida cotidiana una vez en casa. Cuando estamos de vacaciones, los síntomas pueden ser molestos, pero estamos de relax en la playa y esto no va a causarnos demasiados problemas. Para las personas que viajan por negocios o se reincorporan al trabajo después de unas vacaciones, las consecuencias pueden ser mucho peores. Hay que controlar los síntomas.

El mejor tratamiento contra el *jet lag* es, claro está, el tiempo. Los atletas de los Juegos Olímpicos de Río no viajaron el día antes del evento, tampoco los equipos de futbol llegaron la jornada anterior a su primer partido en el Mundial de Brasil 2014. Llegaron con mucho tiempo de antelación para que sus ritmos circadianos se ajustaran al horario local de luz y oscuridad. Si puedes viajar unos días antes de la reunión o tomarte uno o dos días libres después de volver de vacaciones, esto ayudará, pero las demandas actuales de los negocios y lo mucho que valoramos nuestro descanso anual hacen que esto no suela ser una opción.

En las ligas deportivas estadounidenses como la NBA (National Basketball Association) y la NFL (National Football League), los equipos tienen que atravesar husos horarios dentro de Estados Unidos para jugar sus partidos (hay una diferencia de tres horas entre Los Ángeles y Nueva York), de modo que el *jet lag* puede convertirse en un factor determinante en los partidos de equipos de la costa este contra sus rivales de la costa oeste. Dado que las demandas de las ligas domésticas son mucho más habituales que los eventos que suceden cada cuatro años, como los Juegos Olímpicos o los Mundiales, el tiempo no corre a su favor y tienen que tomar medidas para luchar contra él.

Algunas líneas aéreas tienen sus propias *apps* para el *jet lag* o consejos en línea, que pueden ayudar, pero, como siempre, la luz es el arma más potente que poseemos. Podemos usar luz antes, durante y después del vuelo para poner en hora el reloj biológico y evitar los efectos del *jet lag*. Adoptar una rutina muy sencilla de preadaptación antes del vuelo permite empezar con ventaja. Si viajas de Nueva York a Londres, es decir, cinco husos horarios hacia el este (cinco horas hacia delante), tendrás que atrasar tu reloj biológico para empezar a acoplarte al huso horario de tu destino. Viajar hacia el este suele considerarse más difícil que hacia el oeste, de modo que prepararse es especialmente recomendable en estos casos. Puedes empezar a atrasar tu hora de despertarte y acostarte a partir de dos días antes del viaje, usando luz (natural o de una lámpara de luz diurna) por las mañanas y evitando la luz por las noches.

La misma lógica se aplica en el viaje inverso (de Londres a Nueva York), en el que el trayecto al oeste implica que usarás la luz durante una hora por la noche, para mantenerte despierto más tiempo, de modo que puedas adelantar tu hora de acostarte y levantarte antes de volar hacia tu destino.

En el avión, utiliza la luz equivalente a la luz natural de tu destino. Como no puedes subir al avión una lámpara de luz diurna, puedes usar productos como Human Charger, una ayuda contra el *jet lag* que proporciona luz mediante el canal auditivo y se asemeja a unos auriculares para escuchar música.

Adaptarse al destino consiste tanto en evitar la luz como en exponerte a ella. Evita la luz en el avión de acuerdo con las horas de luz de tu destino, cierra la persiana de la ventanilla si puedes y es conveniente, ponte un antifaz o las gafas de sol, algo que puede provocar miradas extrañas de otros pasajeros (excepto si viajas en clase ejecutiva, caso en el cual asumirán que eres famoso).

Una vez llegues a tu destino, puedes seguir con tu ajuste adelantando o atrasando gradualmente cada día tu reloj utilizando gafas de sol, persianas o quedándote en interiores para evitar la luz, y saliendo al sol en los momentos precisos, aunque para entonces puede que consideres práctico adoptar, sencillamente, las horas de luz de tu destino. Si tienes problemas para dormir en tu destino y te despiertas por la noche, evita cualquier actividad que implique luces brillantes, procura que te dé mucho la luz natural durante el día y evita dormir todo un día a oscuras. Si te preparas un poco, los efectos del *jet lag* no deberían ser demasiado severos ni durar demasiado.

La luz es especialmente beneficiosa si volamos directamente a una reunión o evento y no hemos sido capaces de realizar los cambios en nuestros relojes biológicos poco a poco. Su capacidad para aumentar nuestro ánimo y alerta hacen que podamos usar dispositivos de luz natural para estimularnos durante el evento más importante, así como dosis controladas de cafeína, y si nos derrumbamos una vez todo haya acabado, ya no importa tanto. La luz es un arma natural mucho más efectiva contra el *jet lag* que la sobreestimulación con cafeína y las pastillas para dormir. Cuidarse manteniendo la hidratación y evitando el alcohol en el avión, que, además, no ayuda a dormir, también es importante.

La Asociación Internacional de Trasporte Aéreo (IATA por sus siglas en inglés) publicó resultados en 2015 que mostraban que el tráfico global de pasajeros se había incrementado un 6,5 por ciento ese año, de modo que la demanda no está desapareciendo. Si viajas a menudo, que te preocupes por descubrir qué te funciona significa que el *jet lag* no tiene que inhibir tu rendimiento, e incluso si no viajas muy a menudo, estar alerta en el trabajo el día después de aterrizar solo será posible si te cuidas durante el viaje.

Si algo de lo que acabo de decir te suena familiar es porque tratar el *jet lag* se parece mucho a lo que hacemos a diario para poner en hora el reloj biológico. Es lo que hacen los cronotipos de tarde en su vida cotidiana para combatir el *jet lag* social. La luz es la herramienta que mejor podemos usar cada día de nuestra vida para regular los ciclos de sueño y vigilia, hagamos o no largas distancias alguna vez.

El turno de noche

Si pensamos en trabajadores que realizan turnos, acudirán a nuestra mente imágenes de turnos de noche en fábricas, médicos y enfermeras en hospitales, quizá incluso empleados de bar, y los cambios constantes en sus horarios. Pero la tecnología y la cultura de trabajar hasta altas horas de la noche implica que todos somos culpables de hacer, de vez en cuando, el turno de noche.

Trabajé con un jugador de póquer profesional que se pasa la noche en línea en partidas con apuestas elevadas. Ese es un turno de noche en el que no pensamos inmediatamente. Tiene que gestionar los retos de la vida familiar con los del trabajo, así que, en realidad, se enfrenta a lo mismo que un médico, una enfermera o un trabajador de fábrica: cómo gestionar un estilo de vida que va completamente en contra de su reloj biológico.

Como ya hemos comentado en el capítulo 1, estar en guerra con nuestro cuerpo a largo plazo puede tener consecuencias graves, como dice el catedrático Russell Foster, director del Instituto del Sueño y Neurociencia Circadiana de la Universidad de Oxford:

> El sueño alterado, como el de los trabajadores por turnos, puede ocasionar muchos problemas, que van desde un descenso de la inmunidad a un mayor riesgo de cáncer y enfermedad cardiaca, e incluso problemas metabólicos como la diabetes tipo 2.

Si trabajas de noche, cuando el cuerpo, de manera natural, quiere producir melatonina y ponerte en un estado de sueño, estás alterando la ventana de sueño donde la necesidad y el deseo coinciden. Al volver a casa por la mañana, con el sol en lo alto, la presión para dormir alta pero el deseo circadiano en descenso, aparecen los problemas para conseguir la calidad de sueño que se alcanzaría de noche. Si volvemos al gráfico de los ritmos circadianos del capítulo 1, veremos el espectro de funciones que el cuerpo quiere hacer de manera natural en armonía con la salida y la puesta del sol. Trabajar en el turno de noche no forma parte de ellas.

Si trabajamos de noche, tenemos que resetear el reloj biológico para trabajar en un nuevo huso horario, tal y como haríamos con el *jet lag*. Con el programa R90, podemos intentar utilizar la luz en forma de lámparas de luz diurna y simuladores de amanecer en nuestras ventanas de tiempo (en las ventanas de la noche, mediodía y media tarde, los descansos de noventa minutos y las rutinas pre- y postsueño), para ajustarnos al nuevo horario. Para los cronotipos de tarde, este turno está claro que va a ser más sencillo.

Así que, cuando volvamos por la mañana después de un turno, no tenemos que irnos directamente a la cama. Eso no es lo que hacen quienes trabajan de día. En lugar de eso, tenemos que volver a casa, comer (si de verdad queremos ajustarnos a las noches, tenemos que hacer una comida de noche y no un desayuno) y convertir ese tiempo en nuestra «tarde noche». Si tenemos hijos, podemos pasar tiempo con ellos antes de que se vayan al colegio, incluso podemos acompañarlos, de este modo no nos quedaremos aislados de las horas de luz natural ni de la vida familiar.

Si no tenemos hijos, podemos hacer lo que haríamos por la noche, ver un poco la televisión, leer (una copa de vino puede resultar algo inapropiada a las 8:00 de la mañana). Empieza tu rutina presueño noventa minutos antes de la hora de acostarte, y es en este punto cuando la oscuridad total pasa a ser más importante aún que por las noches. Igual que un vampiro, necesitas mantener la luz natural fuera de tu entorno de sueño, y, si es posible, oscurecer la habitación donde hagas la rutina presueño, para que tu cuerpo tenga la sensación de que se está haciendo de noche.

Cuando se duerme durante el día es importante usar las dos ventanas de PRC, la de mediodía (13:00-15:00) y la de media tarde (17:00-19:00). La de mediodía es especialmente importante porque el deseo circadiano alcanza un máximo, en simetría con el periodo de 2:00-3:00 por las noches. Si

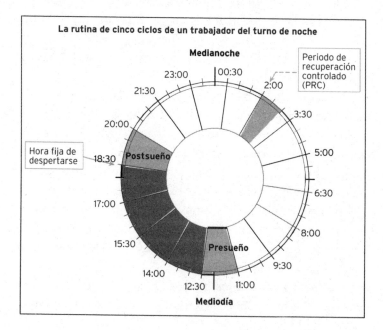

La rutina de cinco ciclos de un trabajador del turno de noche

puedes, por ejemplo, fijarte la hora de acostarte a las 12:30, te permitirá dormir y beneficiarte de este periodo. Hacer cinco ciclos durante el día es todo un reto, ya que es normal que se rompa el sueño, pero hacer cuatro a partir de esa hora, lo que nos llevará hasta las 18:30, nos permitirá aprovechar algo de la ventana de media tarde.

La hora de levantarse por la noche también debería ser constante, y despertarse con luz es aún más importante que para un trabajador diurno. Si tu hora de despertarte son las 18:30, esto significa que en invierno ya será de noche, así que vas a necesitar una luz: compra un simulador de amanecer. En verano, el mayor reto es impedir que entre la luz mientras duermes. En cuanto te despiertes, abre las ventanas o las cortinas y deja que te dé la luz natural. Después haz tu rutina postsueño: vacía la vejiga, come e hidrátate, haz algo de ejercicio ligero. De nuevo, si tienes hijos o pareja, puedes pasar algo de tiempo con ellos. Así no te aislarás totalmente de la vida cotidiana.

Una vez en el trabajo, la luz es vital. La luz artificial estándar es demasiado débil, de modo que necesitas lámparas de luz diurna si es posible. En cambio, la luz azul no va mal en este punto, ya que ayuda a suprimir la melatonina. Al fin y al cabo, quieres estar despierto.

La ventana obvia para un PRC es hacia las 2:00-3:00, la hora de más sueño para quienes tienen un horario diurno. Úsala para un ciclo de treinta o, si tu trabajo lo permite, noventa minutos. La cafeína puede ser una potente mejora del rendimiento para los trabajadores nocturnos, pero recuerda aplicar el mismo límite diario: 400 miligramos, y no olvides la vida media de hasta seis horas. Los trabajadores que hacen turnos son más propensos a padecer obesidad,[45] de modo que la dieta y el ejercicio también son importantes.

Haz esto todos los días, para engañar a tu reloj biológico y que se adapte al nuevo ciclo de sueño-vigilia; en una semana, igual que sucedería si viajases a otro huso horario, notarás que lo has conseguido. Sin embargo, muchos trabajadores que realizan turnos, cuando llegan a ese punto, es cuando intentan volver a las horas de luz para reengancharse a la familia, los amigos y la vida social. Aún peor es lo que les sucede a quienes cambian constantemente de turno, y se pasan la vida cambiando de huso horario, siempre desincronizados de su entorno.

Se ha demostrado que hacer estos ajustes constantes tiene un impacto en la salud. Un estudio realizado durante más de 22 años sobre unas 70.000 enfermeras que trabajaban en turnos de noche mostró que quienes rotaban sus turnos durante más de cinco años tenían más probabilidades de muerte prematura, especialmente de enfermedad cardiaca, mientras que quienes trabajaban así durante más de quince años tenían una probabilidad más alta de morir de cáncer de pulmón.[46]

---

[45] McHill, A. W., Melanson, E. L., Higgins, J., Connick, E., Moehlman, T. M., Stothard, E. R. y Wright Jr, K. P. (2 diciembre de 2014). Impact of circadian misalignment on energy metabolism during simulated nightshift work. *Proceedings of the National Academy of Sciences of the United States of America, 111*(48): 17302-7.

[46] Gu, F., Han, J., Laden, F., Pan, A., Caporaso, N. E., Stampfer, M. J., *et al.* (marzo de 2015). Total and causespecific mortality of US nurses working rotating night shifts. *American Journal of Preventative Medicine, 48*(3): 241-52. doi: 10.1016/j.amepre.2014.10.018.

Este ajuste constante es obviamente perjudicial para la salud, y quienes tienen rotación de turnos muestran más problemas que quienes trabajan siempre de noche. Mientras que el programa R90 puede permitirte manejar las dificultades inherentes al trabajo por turnos, a largo plazo hay que tomar una decisión: ¿cuánto tiempo estás dispuesto a hacerlo? ¿Cinco años? ¿Diez? ¿Toda tu carrera? Muchos no pueden elegir a qué horas trabajan, pero si existe la posibilidad, hay que hacerse estas preguntas tarde o temprano.

Incluso mi cliente, el jugador de póquer profesional, quien se beneficia del hecho de trabajar desde casa, de modo que puede hacer un PRC por la noche cuando quiera (siempre que se lo permita la partida), y no tiene que viajar, tendrá que tomar una decisión en algún momento, porque engañar al reloj pasa factura. Siempre lo hace.

Guerra al invierno

Al inicio del capítulo, Rebecca estaba probando una nueva hora de levantarse a las 5:00. Con la primavera a la vuelta de la esquina y el adelanto de relojes del último domingo de marzo en Gran Bretaña, la luz extra y las horas de luz natural ayudarían a que el cambio fuera más sencillo. ¿Pero le habría parecido tan bien la idea si hubiéramos estado hablando en octubre, con el invierno acercándose?

El último domingo de octubre de cada año, los relojes de Gran Bretaña se atrasan una hora (en la primavera se adelantan y en el otoño se atrasan), lo que, junto a las noches cada vez más oscuras que trae el invierno, significa que las tardes también resultan más negras. El horario de verano se implantó durante la Primera Guerra Mundial en Gran Bretaña, y muchos apoyan la idea de mantener ese horario durante todo el año. La Royal Society for the Prevention of Accidents (RoSPA) estima que las noches más luminosas «evitarían unas 80 muertes y 212 heridos graves al año», y promoverían un incremento de las actividades de ocio de tarde, lo que ayudaría a combatir la obesidad, especialmente de los jóvenes. Ajustar los relojes con la hora central europea tendría beneficios para la economía y el medio ambiente de Gran Bretaña. También se afirma que el trastorno afectivo estacional (TAE) y la depresión subclínica que sufren unas 500.000 personas en el Reino Unido se reduciría con esta hora extra de luz natural.

El trastorno afectivo estacional sucede cuando personas con una buena salud mental padecen síntomas asociados a la depresión en momentos regulares y recurrentes del año, normalmente en invierno. Lo cierto es que casi todos padecemos en algún grado lo que solemos denominar «tristeza invernal». El humor y la motivación tienden a descender en invierno, parece que nos cuesta más levantarnos por las mañanas, está oscuro y hace frío, nuestros hábitos alimenticios pueden pasar de las ensaladas frescas y las comidas ligeras a una mayor ingesta de carbohidratos y comida reconstituyente y, si observamos a los animales, la idea de la hibernación no suena mal. De hecho, muchos de nosotros realizamos nuestra propia hibernación en invierno: del trabajo a casa y de casa al trabajo, pasando las tardes y los fines de semana sin salir y haciendo menos ejercicio porque la motivación anda baja. El consumo de televisión aumenta en invierno.

A lo largo de mi carrera en el deporte, aún no he conocido a un atleta a quien no le afecte este cambio de estación. Existe un deseo de frenar la actividad y de quedarse en casa viendo más la tele, pero en deportes como el *rugby* y el futbol, el calendario de invierno es intenso, y eso no es una opción.

Aparte del frío, que puede hacer que no nos apetezca ir al trabajo por las mañanas, el mayor obstáculo del invierno es la falta de luz. La producción de serotonina puede alterarse, puede que produzcamos más melatonina y nuestro reloj biológico, que depende de la luz para ponerse en hora, puede verse alterado y hacer que los ritmos circadianos vayan a destiempo.

Gran parte de la culpa la tienen las tardes oscuras. Los jugadores de *rugby* y futbol suelen entrenar al aire libre (aunque también pasan mucho tiempo en el gimnasio), de modo que reciben algo de luz natural, pero la mayoría de nosotros no trabajamos al aire libre. En verano no pasa nada, porque cuando volvemos a casa es de día y podemos pasar la tarde afuera. Pero en invierno trabajamos todo el día encerrados y volvemos a casa de noche.

Salir a que nos dé la luz natural por las mañanas, cuando tenemos un descanso y a la hora de comer es esencial en esta época del año, aunque afuera haga frío. Invertir en productos que proporcionen luz diurna también ayuda. Yo introduzco lámparas de luz diurna en los clubes de futbol y *rugby* con los que trabajo, y tú puedes hacer lo mismo en tu casa u oficina.

Es probable que sientas más cansancio al volver de trabajar los días oscuros, así que aprovecha la ventana de media tarde para un PRC. Exponte durante quince minutos con una lámpara de luz diurna, durante o después del PRC, para estimularte y aprovechar más la noche.

Insiste a tu departamento de Recursos Humanos para conseguir que te pongan una lámpara de luz diurna en la mesa si lo pasas mal en invierno. Tus compañeros no lo notarán cuando la enciendas durante el bajón de media tarde (pensarán que es una lámpara normal). Usa el PRC de mediodía. Tus empleadores disfrutarán de los beneficios de tener un empleado más feliz y productivo.

Cómprate algo para casa para poder disfrutar de los beneficios de un mejor humor y más motivación y quizá verás que buscar el control remoto ya no es tu primer instinto por las noches, quizá vayas al gimnasio o a cenar con tus amigos.

Con cuidado

La estrella de Hollywood Will Smith vestía un traje gris y hablaba con acento nigeriano en su papel de Dr. Bennet Omalu en la película *La verdad duele* (*Concussion*). En una de las escenas, Smith escribe con furia en una pizarra blanca de una oficina con dos médicos como espectadores. Describe los peligros de cierta posición de juego con la lógica objetiva que aporta la experiencia médica de su personaje, en lugar de la perspectiva de los aficionados: «Es una tormenta incesante de subconmociones. La cabeza como arma en cada jugada de cada partido y de cada entrenamiento desde que era un niño hasta la universidad, culminado con dieciocho años de carrera profesional. Según mis cálculos, Mike Webster recibió más de setenta mil golpes en la cabeza».

Habla de aceleraciones equivalentes a recibir un golpe de mazo en la cabeza, que dejan el cerebro de Webster asfixiado e irreconocible, incluso para sí mismo. En el clímax de la escena, Will Smith mira a cámara y dice: «No sé de futbol americano, nunca he jugado, pero les digo que jugar al futbol americano es lo que mató a Mike Webster».

El Dr. Bennet Omalu es un patólogo estadounidense de origen nigeriano que diagnosticó una encefalopatía traumática crónica (ETC), una enfermedad degenerativa cerebral causada por recibir golpes constantes en la cabeza,[47] al exjugador de la National Football League (NFL) Mike Webster, que tuvo problemas de salud mental antes de morir. Mientras que a la NFL le costó aceptar el hallazgo de Omalu, y tanto la película como el libro en que se basa lo explican en profundidad, finalmente admitió en marzo de 2016 que había una relación entre el futbol americano y la ETC. Esto podría tener enormes consecuencias no solo para los jugadores actuales y retirados, sino para el futuro de este deporte, ya que los padres, a quienes ya preocupa el riesgo de lesiones físicas, ahora contemplan otro riesgo muy real, el de una enfermedad cerebral para sus hijos, los jugadores del futuro.

El futbol americano no es el único deporte que se está tomando esto en serio. El boxeo es un deporte en el que recibir continuamente golpes en la cabeza es prácticamente el objetivo. La apropiadamente denominada «demencia pugilís-

---

[47] Omalu, B. I., DeKosky, S. T., Minster, R. L., Kamboh, M. I., Hamilton, R. L. y Wecht, C. H. (julio de 2005). Chronic traumatic encephalopathy in a National Football League player. *Neurosurgery*, *57*(1): 128-34.

tica», un tipo de ETC, ya estaba reconocida mucho antes del descubrimiento de Omalu, y en el *rugby*, el equivalente británico más cercano al futbol americano, las conmociones y las heridas en la cabeza son un tema candente. Este es, en parte, el motivo por el que me estoy implicando en el deporte.

He trabajado con clubes y organizaciones de jugadores en las dos organizaciones de *rugby* profesional del Reino Unido, el sindicato y la liga. Con la última, fui contratado para aconsejar a todos los jugadores a lo largo de la superliga, mientras que en el sindicato he hecho lo mismo con distintos clubes y asociaciones de jugadores de *rugby*. También he trabajado con la selección nacional y les he aconsejado sobre estrategias de recuperación durante su *tour* por Australia en 2016, en el que hicieron historia ganando una serie por primera vez.

Aunque aquí no se usa tanto la cabeza como arma como en la NFL, las colisiones y el riesgo de lesiones en la cabeza y conmociones sí que forman parte del juego. A medida que mejoran los avances en el deporte y los jugadores los usan para ser más rápidos, estar más en forma y ser más fuertes, los golpes también lo son cada vez más.

El jugador del sindicato inglés de jugadores de *rugby*, Alex Corbisiero, que se tomó un año sabático en 2016, en el momento cumbre de su carrera, declaró al periódico *The Guardian*: «Estaba agotado mental y físicamente después de diez años dedicados por completo al *rugby*. La intensidad, el contacto, las heridas y la presión que me imponía me pasaron factura. Sabía que, si quería volver a jugar al *rugby*, tenía que dejarlo una temporada».

Como es tan habitual en el deporte profesional moderno, los calendarios de juego son increíblemente exigentes, y muchos opinan que se amontonan muchos partidos en muy poco tiempo, sin posibilidad de recuperación. Como dijo Christian Day, el presidente de la Asociación de Jugadores de Rugby: «Antes o después, alguien tiene que decir: "Estamos destrozando a estos chicos". Se van a retirar a los treinta; no van a poder caminar cuando tengan cuarenta y cinco. Yo solo espero que alguien de arriba lo esté teniendo en cuenta».

Yo no puedo cambiar la naturaleza del deporte, eso depende de los administradores y, tal y como descubrió la NFL, no es tarea fácil cuando hay patrocinadores y retransmisiones de por medio. Así que, aunque sus horarios de entrenamiento y juego siguen completos, y aunque siguen recibiendo golpes con intensidad feroz, lo único que puedo hacer es enseñar a los jugadores el programa R90 y educarlos sobre cómo pueden gestionar su vida para recuperarse de manera más eficiente para no agravar los problemas. En lo relativo a posibles repercusiones a nivel físico y mental a largo plazo, la suma de tantas ganancias marginales como sea posible a la hora de cuidar del cuerpo y la mente es lo único que de verdad pueden hacer los jugadores para defenderse, excepto tomarse un año sabático, como Corbisiero, algo que no es una opción para la mayoría. Al fin y al cabo, su carrera es breve.

Aunque los golpes en la cabeza no son un riesgo laboral para la mayoría de nosotros, la perspectiva de la salud mental sí lo es. Estrés, *burnout*, depresión y ansiedad son problemas a los que muchos nos enfrentamos o nos hemos enfrentado a causa del ritmo de vida frenético de nuestra rutina, y enfermedades como el alzhéimer y la demencia pueden estar esperándonos, como les sucede a los jugadores de futbol americano con la ETC, si no cambiamos la forma en que nos enfrentamos a la recuperación.

El sueño y las enfermedades mentales están indisolublemente unidos. Los desórdenes por depresión y ansiedad incluyen un elemento de alteración del sueño, como lo hacen enfermedades psiquiátricas como la bipolaridad o la esquizofrenia, y, aunque los atletas profesionales tienen la suerte de contar con equipos médicos de primera a los que acudir para que les aconsejen, lo triste es que aún existe un gran estigma asociado al reconocimiento de problemas de salud mental en el deporte y en la sociedad en su conjunto. Los deportistas suelen ocultar sus problemas y seguir adelante, como tantas personas hacen a diario en sus trabajos, sin buscar la ayuda que necesitan.

Aunque yo puedo ayudar a una persona a manejar sus alteraciones de sueño en periodos de ansiedad y estrés, cuando se trata de cosas como depresión y enfermedad mental, es necesaria la atención médica. Al fin y al cabo, el método clínico es para tratar pacientes.

En muchos aspectos, nuestras prácticas de trabajo modernas pueden remontarse hasta la invención de la bombilla eléctrica, que nos abrió las puertas de la noche. Ahora necesitamos otro «momento bombilla» que redefina la forma en que abordamos el trabajo y el descanso. Empresas como Google son líderes en las reformas para el bienestar y la flexibilización del trabajo, pero no todos tenemos la suerte de trabajar en empresas así, y por eso es tan importante responsabilizarse de uno mismo y adoptar el programa R90 si queremos gestionar las crecientes demandas de nuestro mundo actual y empezar a cuidarnos para el mañana.

DIEZ

El equipo local
Sexo, parejas y la familia moderna

La primera vez que fui al club de futbol Arsenal fue para hablar al equipo sobre sueño y recuperación. Había conocido a Gary Lewin, el fisioterapeuta del club, mientras trabajaba con la selección inglesa, y él me recomendó al entrenador, Arsène Wenger.

Como mi relación con el Manchester United se había dado de manera bastante orgánica e informal, con la curiosidad de sir Alex Ferguson por mi carta —que me permitió en un principio ayudar a Gary Pallister y luego hizo crecer mis responsabilidades y pude trabajar con el resto del equipo—, en realidad no había pensado demasiado hacia dónde me dirigía. Pero mientras viajaba a Londres en un vehículo oficial, pensé que estaba a punto de convertirme en entrenador del sueño de los dos clubes de futbol más grandes de Inglaterra, así como del equipo nacional. Como en realidad solo estaba en los inicios de mi carrera en el deporte, con mucho aún por aprender, ese pensamiento me emocionó, pero también me puso un poco nervioso, así que me llevé a mi hijo James como apoyo.

2 I 4 DORMIR

En una sala de reuniones en la zona de entrenamiento de London Colney, cerca de St. Albans in Hertfordshire, frente al primer equipo al completo, Gary Lewin me presentó. Empecé la charla explicando a los jugadores las técnicas y aspectos relevantes del sueño que, aunque aún estaba arrancando, constituían las bases del programa R90. Más o menos hacia la mitad, estaba enseñándoles algunos productos cuando un par de los jugadores más jóvenes preguntaron si podían probar una de las superficies para dormir.

—Claro —respondí.

Debieron de pensar «ahora nos vamos a reír». Ambos se tumbaron en la superficie... y entonces empezaron a hacer el payaso, como lo hacen los chicos, y casi toda la sala estalló en carcajadas. Mi presentación amenazaba con convertirse en un caos hasta que un jugador se puso de pie y dijo:

—¡Ya está bien!

Todo el mundo se quedó quieto y se volvieron hacia él.

—Venimos a escuchar —dijo—; vamos a calmarnos.

Gracias, Thierry Henry.

Sexo antes del gran partido

A los boxeadores los avisan de que se abstengan antes de una pelea, a los futbolistas antes de un partido y a los *sprinters* antes de la carrera, pero las pruebas son contradictorias respecto de si el sexo disminuye el rendimiento. A algunos atletas puede ayudarlos. ¿Tú te abstienes antes de un gran suceso vital?

Esto es algo que siempre fascinó a un buen amigo y colega, Nick Broad.[48] Él era el jefe de ciencia deportiva del Chelsea Football Club, y pensaba que el sexo podía ser muy útil para los jugadores si seguían el método correcto (y personal).

El buen sexo es increíblemente placentero y una forma potente de reducir el estrés, la ansiedad y las preocupaciones. Permite a nuestra mente centrarse en una acción excitante y espontánea, y perderse en el momento. Puede hacer que nos sintamos queridos, deseados y a salvo. Es una forma natural de ejercicio, cuanto más regular, mejor, y el poscoito puede proporcionar una relajante y cálida sensación de bienestar y, parece que especialmente en los hombres, la plataforma perfecta para lanzarnos al sueño.

Visto así, el sexo suena como una rutina presueño que todos podemos utilizar, pero la idea misma de convertirlo en rutina suena muy poco apasionante. La cama es primero para dormir y, muy cerca en segunda posición, para el sexo, pero no confines tu vida sexual exclusivamente a la cama. Utiliza la imaginación, haz que las cosas sigan siendo frescas y excitantes, y permite a tu mente que establezca su asociación principal entre la cama y el sueño. Puedes tener sexo en cualquier lugar (siempre que no te traiga problemas).

Pero el sexo tampoco es siempre bueno. Uno de los miembros de la pareja puede no estar de humor, lo que pue-

---

[48] Conocí a Nick cuando trabajaba como nutricionista en los Blackburn Rovers F. C. con el antiguo fisioterapeuta del Manchester United, Dave Fevre. Nick me puso a trabajar con el equipo cuando se fue al Chelsea y Carlo Ancelotti era el entrenador. Nick siguió a Carlo, que le apreciaba mucho, cuando se fue al Paris Saint-Germain. Por desgracia, Nick perdió la vida en circunstancias trágicas en Francia.

de crear sentimientos de rechazo o presión sobre el acto, o uno se puede sentir insatisfecho mientras el otro se pone tranquilamente a dormir. El otro puede quedarse ansioso, infeliz y vacío a causa del sexo, y eso puede pasar factura a la relación.

Y luego está el tema de hallarse cansado físicamente. Si no te dedicas a pasar tantas horas disfrutando de la gimnasia del dormitorio que esto interfiera con tus ciclos de sueño, no es probable que tenga demasiado impacto físico. Clemens Westerhof, un holandés que obtuvo cierto éxito con el equipo de futbol de Nigeria, lo expresó así: «No es el sexo lo que cansa a los jugadores jóvenes. Es pasar la noche en vela yendo en su busca».

Quizá la mejor pregunta que deberíamos hacernos la noche antes de un gran evento es cuál será su efecto sobre nosotros. Si es buen sexo con la descarga de estrés, la mejora del humor y los efectos relajantes, entonces es probable que nos permita huir un poco de las preocupaciones sobre lo que va a pasar al día siguiente y nos ayude a ponernos en una mejor posición para dormir y despertar revitalizados. Sin embargo, si es del malo, y la ansiedad nos mantiene despiertos por la noche, entonces seguro que es mejor ceñirse a la norma de «nada de sexo antes del gran partido».

Quizá la última palabra sobre el tema debería provenir de alguien con una experiencia más grande de la que pueden producir muchos estudios clínicos: el legendario futbolista del Manchester United George Best.

—Lo cierto es que nunca vi que tuviera ningún efecto sobre mi rendimiento —dijo una vez—. Quizá mejor no hacerlo una hora antes, pero la noche antes no tiene ninguna influencia.

¿Vienes mucho por aquí?

La diferencia entre los atletas y los demás mortales es que, después de practicar sexo la noche antes del gran día, ellos no se dan la vuelta y se ponen a dormir, sino que se levantan y se van a otra habitación a pasar la noche en su kit de sueño personal e individual. Practicar sexo antes del gran día está bien, ¿pero lo está poner en peligro la recuperación durmiendo con otra persona? No es ni siquiera una opción para muchos atletas de élite. Para ellos se trata de recuperación y gestión del riesgo.

El papel que puede llegar a tener la pareja habitual en el sueño es enorme. Cuando observamos los indicadores clave de la recuperación mediante el sueño, al principio lo hacemos pensando solamente en nosotros. Pero cuando trabajo con alguien como Rebecca —de la que hablamos en el capítulo 9—, cuya pareja está durmiendo en el sofá cama mientras ella intenta recuperar algo de control sobre su sueño, yo sé que, una vez ella consiga algo de estabilidad en su rutina en el lienzo en blanco que es ella en la cama, yo voy a tener que hacer un perfil de sueño con su pareja, porque quién sabe qué estará trayendo de vuelta a la habitación de recuperación que puede causar problemas.

Después del estrés y las preocupaciones, las molestias de la pareja son la causa más común de alteración del sueño en el Reino Unido.[49] Ronquidos, apnea (es normalmente la pareja quien la detecta), acaparar el edredón, levantarse por la noche

---

[49] Informe de 2013 del Consejo del Sueño del Reino Unido (Sleep Council Great British Bedtime Report).

y moverse son todos factores que la pareja puede llevar a la cama. Pero hay problemas más sutiles en juego que tal vez no hayamos considerado y que pueden influir, como tener horas distintas de levantarse y acostarse. Meterse en la cama cuando la pareja ya está dormida puede molestarle, del mismo modo que el primero en levantarse puede alterar el sueño de la pareja que lo hace más tarde.

«¿Eres diestro o zurdo?» es una frase para ligar que no creo que desbanque a la popular «¿Vienes mucho por aquí?», pero que tendría impacto en tu sueño si la relación llega a buen puerto. Cuando nos quedamos dormidos de cara a alguien o «haciendo la cuchara», da igual cuánto nos queramos, siempre habrá uno que se mueva antes y se separe en busca de su espacio personal. Quizá ni lo recordemos, pero el aliento de la otra persona nos molesta, y nos apartamos instintivamente de él.

Dormir con alguien aporta beneficios pre- y postsueño, pero en un mundo ideal predormiríamos juntos y después nos iríamos cada uno a nuestra habitación de dormir donde nada nos molestaría, nos levantaríamos y disfrutaríamos de un postsueño totalmente recuperados y felices de empezar el día con nuestra pareja. Dormir solo es natural para nosotros, lo hacemos durante nuestros años formativos. Quizá los dormitorios del futuro incluirán esta prestación.

Nuestra posición ideal para dormir es la fetal sobre el lado no dominante (los diestros duermen sobre su lado izquierdo, y viceversa), lo que proporciona la seguridad psicológica de estar protegiendo el corazón, los órganos internos y genitales con el lado más fuerte. Si duermes solo, da igual a qué lado de la cama duermas, pero una vez tienes pareja, la cosa se complica. Hay un lado bueno de la cama. Si te pones de pie a los pies de la cama mirándola, el lado derecho de la cama es la posición buena para los diestros, y el izquierdo, para los zurdos.

En esa posición, ambas personas están tumbadas sobre el lado correcto de su cuerpo y de espaldas a la pareja, hacia el espacio abierto, donde no hay obstáculo que los moleste. Si eres zurdo y tu pareja es diestra, son el uno para el otro en este sentido.

La pareja perfecta: pareja formada por diestro y zurdo situados en el lado correcto de la cama

Si ambas personas son diestras o zurdas, entonces una de las dos estará durmiendo en el lado malo de la cama para ella. Un diestro en el lado izquierdo o un zurdo en el lado derecho quedaría mirando hacia la cama y hacia la espalda de su pareja, exponiéndolos así a más molestias potenciales. Y si miran hacia afuera de la cama, si, por ejemplo, se mueven después de haberse quedado dormidos abrazados a su pareja, acaban durmiendo sobre su lado dominante. El lado no dominante del cuerpo es menos sensible, de modo que es más fácil que se quede en la misma posición toda la noche durante todo el sueño.

Entonces, ¿qué solución propongo? ¿Cambiar a tu pareja por otra que encaje mejor? Dicen que el amor es ciego y, desde luego, no presta atención a los lados dominantes. En lugar de eso, tomen en cuenta quién de los dos está durmiendo sobre el lado equivocado e intenten arreglarlo. Lo primordial aquí es tener en la habitación de recuperación la cama más grande que quepa (una *super king* es el tamaño mínimo para dos adultos), y si das vueltas o te levantas por la noche, ten en cuenta que es posible que tu pareja esté de cara a ti y es más probable que la molestes.

Entender lo mucho que podemos llegar a alterar el sueño de nuestra pareja nos permite adoptar nuevas filosofías al hacer cosas como buscar una nueva casa de alquiler o compra. Daremos prioridad al dormitorio principal, y nos aseguraremos de que cabe una cama *super king*. Yo he cocinado en cocinas de todos los tamaños y me he duchado en baños diminutos, pero con una pareja en mi vida necesito un dormitorio en el que quepa una cama lo suficientemente grande para que la compartan dos adultos.

Cuando se acerca un gran acontecimiento (la maratón o el triatlón para el que te has estado entrenando, el proyecto que has estado preparando o, incluso, el bebé que estás esperando), también puedes hacer como los atletas y eliminar a tu pareja de la ecuación. Múdate a la habitación de más o hazte una cama temporal (hinchable, un sobrecolchón o un sofá cama) en el salón. El embarazo, especialmente en su etapa más avanzada, puede causar muchas molestias en el sueño de las mujeres, mientras ellas intentan encontrar una postura cómoda, y puede ser beneficioso tanto para la futura madre como para su pareja dormir separados. Puede que la *super king* sea una cama para dos, pero en estos casos tres son multitud.

Cuando Roger Federer juega en Wimbledon, se sabe que alquila dos casas consecutivas: una es para su mujer y sus hijos y la otra para su equipo. Él no duerme en la casa familiar. Los atletas con los que trabajé antes de los Juegos Olímpicos de Río de 2016 tenían su propio kit de sueño R90 portátil, de modo que podían dormir solos.

En este sentido, la cama se convierte en una especie de santuario para que la pareja se relaje, practique sexo si quiere, pero, en el momento en el que se dan media vuelta para dormir, el atleta sale y se retira a su kit de sueño. Esto reduce la cantidad de molestias potenciales que este se lleva a la cama, un método de ganancias marginales para su gran acontecimiento y su relación. De modo que la próxima vez que leas que una pareja de famosos duerme separada o tus amigos te cuenten que lo hacen, no saques conclusiones precipitadas. Quizá solo se están beneficiando de obtener el mejor sueño posible, despertarse frescos y de buen humor, y con su relación más fuerte que nunca.

El modo familiar

Cuando esperamos un hijo, la tecnología médica moderna nos puede decir todo tipo de cosas sobre el bebé, como el sexo o complicaciones potenciales, enfermedades o incapacidades, pero aún no nos puede decir cómo será. Yo he criado a dos niños: uno de ellos dormía todo el rato y el otro se pasó tres años gritando (o al menos así es como lo recordamos).

Si estás aplicando el programa R90 a tu vida, si usas un kit de sueño a medida en una habitación de recuperación adecuada y tienes tu hora fija de despertarte, sabes usar los PRC y trabajas en armonía con tus ritmos circadianos, tu cronotipo y los ciclos de sueño, entonces ya has hecho mucha preparación para enfrentarte a la alteración que puede suponer en tu vida la llegada de un recién nacido. Al menos en teoría.

Tienes tu horario de 24 horas que se ancla en torno a tu hora fija de despertarte, y deberías ceñirte a ella en la medida de lo posible. Tienes tus ventanas de PRC de mediodía y media tarde, y tienes intervalos de noventa minutos para irte a dormir por las noches. Cuando llegue el bebé, la madre cambia todo su horario basándose en el del bebé, que consiste básicamente en dormir, despertarse, comer y expulsar repetidamente. La pareja tiene que colaborar al máximo, de lo contrario, añadirá presión a la relación, aunque la madre tiene una predisposición biológica para despertarse con el llanto del bebé.

De modo que, con una hora fija de despertarse a las 6:30 y un recién nacido que te despierta a las 2:00, lo que sucede es que te levantas, atiendes al bebé y, asumiendo que vuelva a dormirse, tú tienes que ver qué horas de acostarte tienes, en lugar de meterte directamente en la cama. Si has sido padre, habrás vivido la experiencia de volverte a la cama, no poder dormirte y frustrarte, incluso, porque estás agotado. No pierdas así tu valioso tiempo. Si son las 2:30, ponte las 3:30 como hora de acostarte, así podrás hacer algunas actividades de la rutina presueño: ordenar, alguna tarea del hogar, meditar o incluso ver un poco la televisión antes de dormir. Si tienes la suerte de dormir seguido hasta que suene el despertador, levántate a tu hora habitual.

No duermas durante el día fuera de las ventanas del PRC si lo puedes evitar. Si el bebé se va a dormir a las 13:00, haz tú lo mismo y gana un ciclo de treinta o noventa minutos. Pero no hagas dos o tres ciclos solo porque el bebé los está haciendo. La intención no es luchar contra el reloj biológico. Levántate, haz cosas positivas que se te hayan acumulado (poner lavadoras es una constante con un recién nacido, así que pon una, ordena, haz algo antes de que el bebé vuelva a despertarse).

Al final, con suerte, el bebé desarrollará patrones y tú podrás empezar a mover tu programa R90 de acuerdo a ellos, para intentar coincidir con su rutina. Tú podrás controlar un poco tu recuperación en este periodo, mientras que otros padres van por ahí tropezando y quedándose dormidos indiscriminadamente, tumbados en la cama sin poder dormir por la noche y con la sensación de que la cosa se les ha ido de las manos. Existen muchos libros y foros en Internet con consejos sobre qué hacer con el bebé, pero no hay muchos que digan qué puedes hacer tú. Con el programa R90, puedes controlarlo.

¿Y si no tienes suerte? No pasa nada. Yo he vivido las dos cosas. Si te despiertas continuamente durante la noche, falto de sueño hasta un punto que te parece extremo y te encuentras lleno de ira y diciéndole cosas a tu pareja con las que nunca habías soñado, no es nada que no le haya sucedido antes a otras parejas. Piensa en ello como en el marinero que da la vuelta al mundo y duerme treinta minutos cada doce horas. Piensa en quienes adoptan el horario de sueño Uberman, en el que los polifásicos extremos hacen una siesta de veinte minutos cada cuatro horas (solo dos horas de sueño en total al día).

Somos criaturas increíblemente robustas en lo relativo a la falta de sueño y, al contrario de muchas de las cosas que nos lo quitan actualmente, la evolución nos ha preparado para lidiar con la crianza de un hijo. Intenta mantener la armonía con tu programa R90 al máximo, intenta mantener una dieta razonable y cuídate, aunque eso implique tomarse pequeños descansos de vez en cuando, en tándem con tu pareja, y no te castigues ni la castigues a ella si no puedes seguir el R90 o si estás operando con solo dos ciclos por noche. Esto no dura para siempre. Será más sencillo a medida que crezca.

Adolescentes «flojos»

Los niños crecen. Los recién nacidos pronto desarrollan sus ritmos circadianos y se ajustan al ciclo de luz y oscuridad (en el vientre materno todo es oscuridad). La National Sleep Foundation de Estados Unidos recomienda entre catorce y diecisiete horas de sueño al día para un recién nacido, pero este número disminuye a medida que se hace mayor, de modo que la recomendación cuando empieza el colegio son entre nueve y once y, a partir de los catorce años, pasa a entre ocho y diez.

Tomarse en serio el propio sueño es, en última instancia, una decisión informada que uno toma. Puedes leer este libro, llegar a una conclusión sobre qué hacer con lo que dice y, así lo espero, aplicar la mayor cantidad de cosas a tu vida. Pero con los niños no hay decisión que valga: hay que tomarse en serio su sueño.

El sueño es vital para el desarrollo de los niños. Su cuerpo y mente lo necesitan en gran cantidad para crecer adecuadamente. Asegurarse de que tienen la cantidad y calidad de sueño correctas implica introducir algún tipo de medida de las que ya hemos hablado (como proporcionar un entorno de sueño adaptado y algunas rutinas pre- y postsueño que acabarán asociando con irse a dormir y empezar el día, y asegurarse de que no están sobreestimulados, en este caso por el azúcar, no por la cafeína), así como otras que no aplican demasiado, como una hora fija de acostarse.

El R90 es una magnífica manera de asegurarse de que puedes ajustar tu hora de acostarte y levantarte para que estén en sintonía con lo que tu hijo necesita. Proporciona confianza y flexibilidad si las circunstancias dictan un cambio y ayuda a que padres e hijos sean más conscientes como familia de la importancia del sueño. Observa el cronotipo de tu hijo pronto, de modo que cuando vaya al colegio sepa cuál es su mejor hora para estudiar, una información empoderante que le acompañará en sus años de estudio y, más tarde, en el trabajo. Si tus hijos son aficionados al deporte, les puedes decir que sigues los consejos de un entrenador del sueño para deportistas, que les explica a sus ídolos lo que tienen que hacer.

Sin embargo, el programa R90 no está pensado para niños. No intentes limitar ni restringir sus horas de sueño, hazlo todo para que puedan tener mucho sueño de calidad con pocas interferencias, y déjales que hagan lo que les resulte natural. La mayoría de los niños duerme bien, y puedes explicarles todo lo que tienes preparado para ellos para cuando crezcan.

Una vez alcanzan la adolescencia, la cosa se complica. Los adolescentes siguen necesitando dormir mucho, especialmente porque es durante el sueño cuando liberan la hormona que produce el estirón que experimentan en ese momento. Por desgracia, dormir lo suficiente es complicado a causa de factores biológicos y, cada vez más, también a causa de tentaciones sociales y tecnológicas.

Da igual cuál sea su cronotipo antes de la adolescencia, al alcanzar la pubertad los cambios biológicos de su cuerpo provocan un cambio en los ritmos circadianos. Empiezan a producir melatonina más tarde por la noche, de modo que, naturalmente, tienen ganas de acostarse más tarde y, como necesitan dormir más que un adulto, querrán dormir más por la mañana. Ya es hora de ser más tolerantes con los adolescentes: duermen más porque sus cuerpos se lo piden.

Sin embargo, la hora de entrada al colegio o la universidad interfiere con esto. Los horarios escolares interfieren con los ritmos naturales de los adolescentes. Un estudio de 2008, que comparaba los hábitos de sueño de los estudiantes en épocas de clase y en vacaciones, mostraba que «bajo la influencia del horario escolar, los alumnos acumulan un déficit de sueño considerable, no obtienen suficiente sueño según sus necesidades y muestran falta de ganas y problemas de funcionalidad por el día».[50] Los estudiantes, claro está, dormían los fines de semana.

El atraso de los relojes biológicos empeora a causa de las oportunidades de socializar que surgen para los adolescentes. Muchos quieren salir hasta tarde con sus amigos por las noches, no quedarse en casa. Cualquier padre que haya vivido la adolescencia de su hijo sabrá de lo que hablo, pero solo aquellos que lo estén haciendo ahora o hace poco sabrán los problemas añadidos que supone la tecnología.

Incluso si un adolescente se va a su habitación a una hora razonable, la multitud de opciones que proporciona la tecnología implica que puede decidir jugar a videojuegos o entrar en las redes sociales desde sus dispositivos a altas horas de la noche. Ya hemos hablado de los efectos de la exposición a la luz azul de la tecnología, la posible supresión de la producción de melatonina, lo que dificulta el sueño, pero los videojuegos y las redes sociales también tienen una naturaleza adictiva a tener en cuenta. Si un adolescente no tiene sueño porque lleva los ritmos cambiados, salvar el mundo y reventar a los malos en un videojuego es una opción de entretenimiento atractiva, pero el aumento de la alerta y la adrenalina que experimentará le hará jugar más de lo normal y eso asegura que, cuando suene el despertador para ir a clase, posiblemente después de haberse quedado dormido con la tecnología aún encendida, no esté en las mejores condiciones para las clases de la mañana.

---

[50] Warner, S., Murray, G. y Meyer, D. (octubre de 2008). Holiday and schoolterm sleep patterns of Australian adolescents. *Journal of Adolescence*, *31*(5): 595-608.

Ese es el «sueño basura» del que habla el catedrático Idzikowski, en el que no se alcanza ni la calidad ni la duración necesarias. En los adolescentes esto puede obstaculizar de manera grave su desarrollo y educación, afectar a su humor y concentración y puede tener consecuencias a largo plazo en su salud (física y mental) y su peso.

Un estudio australiano publicado en el *Journal of Adolescent Health* en 2016 concluía que «los videojuegos y las redes sociales son factores de riesgo en la obtención de un sueño más corto y de peor calidad, mientras que el tiempo en familia es un protector de la duración del sueño».[51]

Ojalá la respuesta fuera tan sencilla como decirles a los adolescentes que apaguen la tecnología y pasen más tiempo en familia. Aunque es injusto poner a todos los adolescentes en el mismo saco, porque muchos seguirán las advertencias y se preocuparán por las consecuencias que esto puede tener en su educación y desarrollo, quienes hayan criado a adolescentes o recuerdan haberlo sido sabrán que, a menudo, cualquier advertencia bienintencionada de los padres caerá en saco roto. Sin embargo, los padres deberían intentar buscar la manera de gestionar el uso de la tecnología de los adolescentes antes de acostarse, ya sea mediante un pacto que diga que no jugarán a videojuegos pasada cierta hora de la noche o sacando la tecnología del dormitorio. Aunque pedirle a un adoles-

---

[51] Harbard, E., Allen, N. B., Trinder, J. y Bei, B. (abril de 2016). What's Keeping Teenagers Up? Prebedtime Behaviors and Actigraphy-Assessed Sleep Over School and Vacation», *Journal of Adolescent Health*, 58(4): 426-32. doi: 10.1016/j.jadohealth.2015.12.011.

cente que nos dé su teléfono inteligente puede ser una propuesta complicada, así que buena suerte.

Sencillamente, los adolescentes no duermen lo bastante entre semana, y la culpable es la tormenta perfecta que constituyen sus ritmos cambiados por sus hormonas, la vida social y la tecnología, así como la hora de entrada a los colegios. De modo que, ¿qué sucedería si se permitiera a los adolescentes dormir más por las mañanas entre semana?

Cambiar la hora de inicio de los colegios y universidades a las 10:00 proporcionaría un horario que tendría en cuenta las necesidades de los alumnos en lugar de las de los padres y profesores. El fin de las clases y los exámenes a las 9:00 implicaría que ya no estaríamos pidiendo a los adolescentes que rindieran a una hora que va en contra de su reloj biológico, y también reduciría su falta de sueño.

El primer equipo del futuro

Trabajo con muchos adolescentes deportistas: los posibles atletas olímpicos del futuro y, en concreto, los equipos de jóvenes y niños de los clubes de futbol. Veo en primera persona el impacto que su reloj biológico cambiado y la tecnología tienen sobre ellos, y es sobre esta edad, sobre los catorce o quince años, cuando las exigencias del deporte y su estilo de vida convierten el tiempo en un bien preciado, cuando pueden empezar a usar el programa R90, aunque en una versión que considera seis ciclos, en lugar de cinco, el ideal.

Una estrella de la natación del futuro tiene que estar en el colegio a las 9:00, como cualquier otro adolescente, pero tiene que ir a la piscina o antes o después del colegio. ¿Qué consecuencias tiene eso en su necesidad de una buena cantidad de sueño para su desarrollo y recuperación cada día? Empezar el colegio a las 10:00 le daría un poco más de margen; cambiar la hora en el Reino Unido para permanecer en el horario de verano todo el año le proporcionaría tardes con más luz en invierno. No solo se beneficiarían de ello los atletas: los jóvenes suelen practicar más ocio cuando hay luz.

En las escuelas de futbol veo a adolescentes que provienen de todo tipo de estratos sociales. Algunos de ellos no tienen figuras paternas en casa que les inculquen los conceptos de sueño y recuperación que necesitan aún más que aquellos que juegan en el primer equipo, si quieren tener un buen futuro en el deporte. Se quedan despiertos hasta tarde, jugando a videojuegos, pasando el rato con amigos y sin dormir seis ciclos por la noche. Esto les acarreará consecuencias graves si no lo solucionan. Con el programa R90 pueden usar un método de sueño pensado para el mundo actual, que utiliza la tecnología como una herramienta positiva y busca una forma de recuperación que puede ser flexible y atractiva para ellos. Depende de mí el llegar a ellos y ganarme su confianza, y depende de ellos ser disciplinados, porque al final lo importante es desarrollar las herramientas para gestionar la propia recuperación.

Suele acusarse a los mejores futbolistas de vivir en una burbuja en sus torres de marfil, pero ¿qué otra opción les queda? Mientras que antes los futbolistas tenían que estar alerta a causa de los *paparazzi* cuando se iban de vacaciones o salían a cenar, ahora, gracias a las cámaras de nuestros teléfonos, todo el mundo puede ser un *paparazzi*. Están paranoicos y se encierran porque tienen que hacerlo. No se pueden permitir tener un resbalón en público. He visto el precio que pagan los jugadores más jóvenes que intentan adaptarse a esto. Algunos no son capaces de gestionarlo. «Bueno —puedes pensar—, esto va con el sueldo». Pero el dinero no te hace inmune a la depresión ni a los trastornos de ansiedad.

La tecnología ha creado una burbuja para que vivan en ella los adolescentes normales, que hacen mucha de su interacción social mediante sus teléfonos sin salir de casa. He conocido adolescentes que no tienen ni idea de qué tiendas hay en su eje comercial porque no les hace falta, pueden conseguir todo lo que necesitan mediante su teléfono, incluido el conocimiento, lo que puede hacer que algunos se pregunten: «¿Para qué necesitamos el colegio y los profesores?».

Los cambios que la tecnología ha introducido en nuestra sociedad han acarreado grandes beneficios, pero debemos tener cuidado con ella, especialmente en relación con los más jóvenes. Un informe de consumo hecho en Canadá por Microsoft aseguraba que la capacidad de atención humana media ha descendido de doce segundos en 2000 a ocho en 2013. El 77 por ciento de los canadienses entrevistados de entre 18 y 24 años dijeron que miraban su teléfono cuando ninguna otra cosa estaba ocupando su atención, y el 73 por ciento afirmaron que la última cosa que hacen antes de acostarse es comprobar su teléfono.

No tenemos datos médicos sobre los efectos a largo plazo después de toda una vida usando esta tecnología, porque aún no lleva tanto tiempo con nosotros. La generación que ahora está creciendo será la primera que vivirá toda la vida con ella, y podemos ver las consecuencias que está teniendo sobre su sueño. Como padres, tenemos que hacer todo lo posible por limitar su uso, igual que deberíamos hacer en nuestra propia vida.

Hay universidades y colegios que se están poniendo en contacto conmigo para que acuda a hablar con sus estudiantes, porque están empezando a detectar el problema. Quieren hacer algo al respecto.

En el Southampton Football Club, ayudé a implementar un esquema vertical en el que todo el mundo, desde el entrenador y sus colaboradores al equipo más joven, participaba en el programa. El médico del club, Steve Baynes, que es un antiguo médico del equipo Sky, promovió el proyecto, que sigue llevándose a cabo a pesar del cambio de entrenador. Southampton tiene un historial demostrado a la hora de producir jugadores jóvenes con talento mediante su cantera, que llegan a jugar en el primer equipo y, a menudo, en las selecciones nacionales, y a veces son fichados por los clubes más importantes del mundo. La estrella del Real Madrid y el Gales, Gareth Bale, es producto de la cantera del Southampton. Los internacionales ingleses Luke Shaw, Adam Lallana y Alex Oxlade Chamberlain, también.

De hecho, el Southampton es un club que se toma muy en serio el futuro de sus jóvenes. Si queremos producir ingenieros, atletas, científicos, escritores y el gran talento del futuro, tenemos que hacer lo mismo y empezar a tomarnos en serio el descanso y la recuperación de nuestros jóvenes.

TUS RÉCORDS PERSONALES

Poder estar con mi hijo James y mi familia entre el público del estadio Da Luz en Lisboa, viendo a Inglaterra jugar contra Francia en la Eurocopa de futbol 2004 fue para mí un momento maravilloso. Inglaterra estaba jugando bien e iba ganando por 1 a 0, la atmósfera era eléctrica, mi familia estaba conmigo y yo había contribuido, a mi manera, a todo aquello. Había trabajado con el equipo y todos los jugadores habían dormido en mi kit. Como habían dicho los periodistas en una ocasión, había estado arropando en la cama cada noche a los Tres Leones.

¿Cómo no estar orgulloso? Al final del partido, el capitán de Francia y estrella del equipo, Zinedine Zidane, marcó dos goles en los últimos minutos, ganó el partido y nos fastidió la fiesta. Típico de la selección inglesa. Pero por un momento... ¡Guau...!

Solo unos años después de haber formulado la pregunta a sir Alex Ferguson y, por asociación, a todo el deporte, me encontraba en un lugar que nunca habría imaginado. Hacer esa pregunta cambió mi carrera y, desde luego, mi vida, y así he tenido el privilegio de ayudar a cambiar las vidas de otros.

En los años que siguieron a 2004 seguí haciendo la pregunta, y trabajando con atletas excepcionales de todos los deportes, desde *rugby* a ciclismo, pasando por todo lo demás, así como las futuras estrellas del mañana.

Aún sigo haciendo la misma pregunta, llamando a puertas e intentando encontrar respuestas. Por eso se ponen en contacto conmigo los atletas y equipos que buscan mejorar definitivamente su rendimiento de forma legal. Por eso me llaman colegios y universidades, grandes empresas y gente corriente que quieren cambiar sus vidas. Por eso hablo con gente como Arianna Huffington, fundadora del Huffington Post y líder de su propia revolución del sueño, y he sido invitado por el exalcalde de Londres Michael Bloomberg a hablar en la cumbre global de líderes de las principales ciudades.

Porque ahora todos se hacen la misma pregunta, y tú también deberías: ¿Qué estamos haciendo con nuestro sueño? ¿Qué estamos haciendo con este proceso de recuperación física y mental? ¿Cómo vamos a enfrentarnos a algo que ya no podemos dar por hecho? Las consecuencias potenciales son graves, pueden llegar a ser fatales (cáncer, obesidad, diabetes, enfermedad cardiaca) y pueden llegar incluso a convertirte en una sombra de ti mismo en forma de depresión, ansiedad, *burnout* y alzhéimer. La depresión mata, especialmente a hombres jóvenes como los que veo en academias de todo el país.

No tiene por qué ser así. Con el programa R90 puedes redefinir tu forma de enfrentarte al sueño como hacen los atletas y equipos con los que trabajo, que traen a casa trofeos y medallas de oro. Verás dispararse tu humor, motivación, creatividad, memoria y niveles de energía y alerta. Tu trabajo, tus relaciones y tu vida familiar se enriquecerán más allá de lo que creías posible, porque estarás batiendo tus récords personales una y otra vez.

Empieza contigo, pero este es un deporte de equipo. Tienes que plantear la pregunta a tu familia, tus hijos, tu lugar de trabajo y tus amigos. Juntos podemos dar un giro cultural, redefinir nuestro enfoque para que el proceso de recuperación se una a la dieta y el ejercicio para formar un ataque triple combinado contra la mala vida.

Olvida el sueño tal y como lo conocías. El proceso de recuperación se basa en un reloj que avanza las 24 horas, un ritmo constante que todos debemos aprender a seguir. Empezar hoy no significa hacerlo cuando te vayas a dormir. Significa ahora mismo.

¿Qué estás esperando?

AGRADECIMIENTOS

Cuando decidí formar una familia, pensé que había llegado el momento de dejar de intentar ser golfista profesional y me uní al negocio familiar de muebles. Nunca podría imaginar entonces que, un día, una de las principales editoriales internacionales me pediría que escribiera un libro sobre el sueño.

De modo que tengo que agradecer enormemente a todas las personas de Penguin que han participado, especialmente a Joel Rickett, por apoyar mis ideas y la necesidad de un cambio en la manera de enfrentarnos al sueño, y a Julia Murday, por su entusiasmo por este libro y su contenido, y por crear un programa mucho más divertido de lo que sería esperable en el mundo del sueño.

Un agradecimiento especial para mi redactor, Steve Burdett, que ha tomado todas mis ideas y encapsulado mi pasión para crear una historia única sobre el sueño que espero que provoque comentarios y, sobre todo, redefina las ideas de quienes lo lean.

Gracias también a Patrick McKeown, por dedicar su

tiempo a hablarme sobre respiración, y a Rob Davies, un innovador de los productos sobre respiración.

Algunas personas de mi época en la industria merecen ser mencionadas: Peter Buckley, Morgan McCarthy, Patrick Newstead, el recientemente fallecido Roger Head, Pam Johnson, Mark Bedford, Jeff Edis y Alan Hancock. John Hancock y Jessica Alexander fueron imprescindibles para la creación del primer Consejo del Sueño del Reino Unido, donde conocí a mi mentor del sueño, Chris Idzikowski.

Sir Alex Ferguson, por su visión de futuro a finales de los noventa, Dave Fevre, Lyn Laffin, Andy Oldknow de la FA, Gary Lewin, Rob Swire y mi querido amigo ya fallecido Nick Broad, todos contribuyeron, por no decir que lanzaron, a lo que se ha convertido en mi nueva carrera.

Algunos de mis mejores momentos los he pasado desarrollando negocios relacionados con el sueño en el corazón de un Manchester que está resurgiendo y que nos proporcionó muchos retos, relacionados con vivir en la gran ciudad, que resultaron útiles para el programa R90, de modo que gracias a Chris Lloyd, Howard y Judith Sharrock, Dave Simpson, Anna Litherland, Steve Silverstone, Brian McCall, Richard Locket, el fallecido John Spencer, Flik Everett, Andy Nichol, Simon Buckley, Claire Turner, Kate Drewett, Roberto Simi, Zoe Vaughan Davies, Coby Langford, Darryl Freedman, Jason Knight y John Quilter, entre muchos otros.

Fue entonces cuando se unió al Manchester United un nuevo director de comunicación y decidió mudarse a la misma calle del barrio del norte en la que estaba mi primera tienda. Seguimos siendo amigos. Gracias por todo tu apoyo: Phil Townsend y hermano John.

Hay otro par de momentos clave en Manchester que de verdad ayudaron a definir el trabajo que desarrollo hoy en día. El primero fue en 2009-2010, cuando empecé a relacionarme con el equipo inglés de ciclismo, y el nacimiento del equipo Sky, cuyo historial de éxitos está a la vista, y nada más importante que el verano de 2016 en los Juegos Olímpicos de Río y su preparación. Así que un agradecimiento especial para sir Dave Brailsford, Matt Parker, Phil Burt y el Dr. Steve Baynes. El segundo momento clave fue la consultoría para la zona de entrenamiento de última generación para el Manchester City, así que muchas gracias a Sam Erith por su apoyo.

Sin la ayuda de mis proveedores de productos R90 no podría haber llevado a cabo muchos de mis proyectos, así que gracias a Icon Designs, Trendsetter, Acton & Acton y Breasley.

De cara al futuro, gracias a Michael Torres, de Shift Global Performance, mi socio en Estados Unidos del R90, por su apoyo y el de su equipo.

Y, por supuesto, muchas gracias a mi familia, que ha tenido que oírme hablar sin parar sobre dormir. Quizá, dado que mi padre inventó la inyección de gasolina y viajó por todo el mundo con su carrera en el mundo del motor internacional, yo debería haber sido piloto, lo que habría sido causa de conversaciones más interesantes para ellos. Pero a medida que llegan los nietos y la familia crece, lo que espero es que hayan escuchado algo de lo que he estado diciendo.